跨组织治理的数字蝶变

理论与实证

张涛 著

Digital Transformation of
Interorganizational Governan
Theory Building and Empirical Resea

化学工业出版社
·北京·

内容简介

本书主要针对计算机、信息系统、移动互联网、大数据等信息技术如何对企业跨组织治理（合作）机制进行数字化改造与升级进行研究。具体内容由三个部分组成：首先，构建整体理论框架；其次，探讨传统信息技术对权力、关系与合同治理（合作）三种机制数字化改造与优化的过程；最后，探讨大数据、区块链等新兴信息技术如何实现企业跨组织治理（合作）机制数字化转型与升级。

本书适合跨组织治理（合作）领域研究者阅读参考，同时也适合实施供应链、营销渠道、战略联盟管理的企业实践人员学习。

图书在版编目(CIP)数据

跨组织治理的数字蝶变：理论与实证 / 张涛著.—北京：化学工业出版社，2023.10
ISBN 978-7-122-44346-5

Ⅰ.①跨… Ⅱ.①张… Ⅲ.①企业管理-组织管理-研究 Ⅳ.①F272.9

中国国家版本馆CIP数据核字（2023）第192905号

责任编辑：张　艳
文字编辑：林　丹　汲永臻
责任校对：宋　玮
装帧设计：王晓宇

出版发行：化学工业出版社
　　　　　（北京市东城区青年湖南街13号　邮政编码100011）
印　　装：北京科印技术咨询服务有限公司数码印刷分部
710mm×1000mm　1/16　印张14½　字数241千字
2024年5月北京第1版第1次印刷

购书咨询：010-64518888
售后服务：010-64518899
网　　址：http://www.cip.com.cn

凡购买本书，如有缺损质量问题，本社销售中心负责调换。

定　　价：80.00元　　　　　版权所有　违者必究

前言 PREFACE

VUCA 时代❶，环境动荡加剧，不确定性上升，很多企业面临比以往更为困难的局面。为此，一些企业与其合作伙伴组成供应链、战略联盟等跨组织联合体来应对这种局面。在这个联合体中，企业的利益与其合作伙伴绑定在一起，因而这种跨组织联合体的运营效率将直接影响企业战略目标的达成，也会决定企业持续竞争优势的获得。因此，如何提高这种跨组织联合体的治理水平，改善企业与其合作伙伴之间的合作效率对企业具有重要意义。

在当前信息技术革命的背景下，以计算机、企业系统、移动互联网、大数据、区块链与人工智能技术等为代表的信息技术给企业提高跨组织治理水平、顺利推动跨组织治理数字化转型提供了新的思路与方案。例如，戴尔公司通过使用客户关系管理系统（CRM）对生产计算机配件的合作伙伴进行管理，该系统涵盖戴尔公司与合作伙伴之间跨组织关系的建立、发展、维护与结束的全过程，从而有效提升戴尔公司与其合作伙伴的合作效率与水平。IBM 借助基于大数据的人工智能系统（big-data based AI）对一定范围内的跨组织业务往来进行智能识别与预测并自动执行相应操作。借此系统，企业还能获得更为丰富的业务信息与优化建议，帮助其与合作伙伴

---

❶ VUCA 是 Volatility（易变性）、Uncertainty（不确定性）、Complexity（复杂性）和 Ambiguity（模糊性）四个单词的首字母缩写。VUCA 时代特指当前动荡加剧、不确定性上升、复杂模糊的商业时代。

制定更有针对性的合同条款。在合同执行过程中，这种系统也能为双方及时提供有针对性的信息与建议来处理意外情况，从而保证合同的顺利执行。京东运用区块链技术（blockchain）为客户构建一种新型的跨组织合作平台。在该平台上，双方交易可以无需第三方监督，还能实现产品品质溯源与合同条款自动执行等功能，这些特性都有助于克服传统跨组织治理手段的缺点，成为一种新兴的跨组织治理手段。

总的来看，虽然当前实践领域已经有相当丰富的跨组织治理（合作）数字化转型实例，但研究者对转型的具体内容、方式与过程仍然缺乏整体化、系统化的深刻认识。这主要体现在以下三点。第一，限于篇幅，以往研究大多只聚焦于跨组织治理（合作）某一方面数字化，缺乏在总体层面对跨组织治理数字化转型具体路径与方式的总结与梳理（即缺乏对这一问题的总体分析框架）。第二，虽然以往对于信息技术战略价值的研究已经比较深入，但这些研究结论大多并未针对跨组织治理（合作）场景。第三，以往研究对传统信息技术（如 CRM 系统、信息管理系统等）关注更多，而对于大数据、区块链这些新兴信息技术的作用与价值关注得较少。

针对上述不足，本书首先提供了一个完整的理论框架，帮助读者从宏观层面理解传统信息技术与新兴信息技术改造、优化与升级企业跨组织治理（合作）。接下来，针对传统信息技术（计算机、互联网、企业信息系统等）在跨组织治理当中的作用与意义展开研究，探讨这些技术如何对权力、关系与合同三种主要跨组织治理机制进行数字化改造与升级。最后，本书探讨新兴信息技术（如大数据、区块链技术等）给企业跨组织治理（合作）带来的颠覆性改变。这一部分主要探讨两个问题：第一，大数据技术如何对企业跨组织治理（合作）机制进行改造与升级；第二，区块链技术是否以及如何成为一种新型的、不同于以往的跨组织治理（合作）机制。相应的，本书由三个部分组成。

第一部分为第 1 章和第 2 章，主要是理论分析与框架构建。即通过对跨组织治理理论、信息系统与企业间合作相关研究的梳理与回顾，构建本书的整体理论框架，帮助读者从宏观层面理解信息技术对企业跨组织治理方式的影响。

第二部分为第 3 章至第 7 章，主要探讨传统信息技术如何对现有的三种跨组织治理方式进行数字化改造与升级。其中，第 3 章探讨信息技术如何实现合同治理与合作方式的数字化；第 4 章探讨企业信息技术资源与企业 IT 人员的交互影响，分析两者如何共同实现关系与合同治理及合作方式的数字化；第 5 章探讨企业信息技术资源如何实现权力治理机制；在此基础上，第 6 章与第 7 章主要探讨合作伙伴机会主义氛围的权变影响，探讨不同机会主义氛围下企业应当如何借助信息技术实现跨组织关系治理与合作方式的数字化转型。

第三部分为第 8 章至第 10 章，主要探讨各种新兴信息技术实现企业跨组织治理数字化转型的途径与方式。该部分主要包含三个研究，具体来说，第 8 章从流程与控制论视角入手，探讨跨组织治理的四种流程及其核心步骤，为大数据、人工智能等新兴信息技术提供跨组织治理（合作）的应用场景；第 9 章探讨大数据技术如何推动跨组织合作数字化转型升级；第 10 章探讨区块链技术是否以及如何作为一种新型的跨组织治理（合作）机制。

本书研究内容的开展与书稿撰写受到多位知名学者的支持与帮助，这些学者包括西安交通大学的庄贵军教授、大连理工大学的张闯教授、西北工业大学的常玉教授。在此，作者对各位学者的大力支持与帮助表示衷心的感谢！同时，作者也要对接受调查、提供支持与帮助的企业与个人表示诚挚的谢意！最后，也要感谢我的家人，正是他们一直以来的关怀与支持，本书才能顺利出版。

本书受到国家社会科学基金（编号：22BGL118）与陕西省社会科学基金（编号：2021R045）资助，受到西北工业大学精品学术著作培育项目资助出版。

受作者能力所限，书中难免存在疏漏与不足之处，敬请广大读者批评指正！

张 涛

2024 年 1 月于西安

目录

1 绪论　　001

1.1 跨组织治理与合作　　002
    1.1.1 权力机制　　003
    1.1.2 关系机制　　004
    1.1.3 合同机制　　005

1.2 跨组织治理与合作的数字化　　006
    1.2.1 基于传统信息技术的数字化跨组织治理机制　　006
    1.2.2 基于大数据的跨组织治理（合作）机制　　008
    1.2.3 基于区块链技术的新兴跨组织治理机制　　009

参考文献　　010

2 理论背景与分析框架　　015

2.1 跨组织治理相关理论　　016
    2.1.1 权力理论及相关研究　　016
    2.1.2 关系治理理论及相关研究　　017

	2.1.3 合同治理理论及相关研究	018
2.2	传统信息技术的战略价值研究	019
	2.2.1 信息技术及相关概念	019
	2.2.2 IT资源与能力相关研究	020
2.3	新兴信息技术的战略价值研究	020
	2.3.1 大数据与人工智能技术的战略价值研究	020
	2.3.2 区块链技术的战略价值研究	021
2.4	分析框架与实证研究内容	022
参考文献		024

3　跨组织合同治理的数字化：基于信息技术的完备合同制定与合同执行监督　031

3.1	研究背景与研究问题	032
	3.1.1 跨组织合同治理的数字化	032
	3.1.2 研究问题及意义	033
3.2	理论与假设	034
	3.2.1 TCE与合同治理	034
	3.2.2 信息技术先进性对合同治理的影响	035
	3.2.3 合同完备性和合同执行保障对合作伙伴机会主义行为的影响	037
	3.2.4 私人关系的调节作用	037
	3.2.5 合作导向的调节作用	038
3.3	研究方法	038
	3.3.1 样本和数据收集	038
	3.3.2 变量测量	040
	3.3.3 测量验证	041

3.4	数据分析与结果	042
	3.4.1 分析结果	042
	3.4.2 事后分析	044
3.5	讨论与结论	045
	3.5.1 理论贡献	045
	3.5.2 管理启示	046
	3.5.3 局限性和未来研究的方向	047

参考文献   047

附录：测量量表   **051**

4 跨组织关系与合同治理的数字化：IT 基础设施与 IT 人员的综合影响   055

4.1	研究背景与研究问题	056
	4.1.1 研究背景	056
	4.1.2 研究问题与研究意义	057
4.2	理论与假设	058
	4.2.1 关系治理与合同治理的数字化	058
	4.2.2 IT 基础设施资源的直接影响	060
	4.2.3 IT 技术人员资源的调节效应	062
	4.2.4 关系治理与合同治理对合作伙伴机会主义的抑制作用	063
4.3	研究方法	064
	4.3.1 数据收集	064
	4.3.2 变量测量	065
	4.3.3 测量的效度与信度	066
4.4	数据分析与结果	068
4.5	讨论与结论	070

	4.5.1 主要发现	070
	4.5.2 理论贡献	071
	4.5.3 实践意义	072
	4.5.4 局限性和未来研究方向	072
参考文献		073
附录：测量量表		079

5 跨组织权威的构建路径：基于信息技术与信息管理能力的视角　　081

- 5.1 研究背景与研究问题　　082
  - 5.1.1 研究背景　　082
  - 5.1.2 研究问题　　082
- 5.2 理论与文献　　084
  - 5.2.1 RBV视角下的企业IT资源　　084
  - 5.2.2 企业信息管理　　085
  - 5.2.3 渠道权力　　085
- 5.3 模型与假设　　086
  - 5.3.1 研究模型　　086
  - 5.3.2 IT设备资源对搜集信息和共享信息的影响　　087
  - 5.3.3 IT技术人员资源对搜集信息和共享信息的影响　　088
  - 5.3.4 搜集信息与共享信息对于渠道权力的影响　　089
- 5.4 研究方法　　090
  - 5.4.1 数据收集　　091
  - 5.4.2 测量　　092
  - 5.4.3 数据分析　　094
- 5.5 讨论与结论　　095
  - 5.5.1 IT设备资源对信息获取和信息共享的不同作用　　095

		5.5.2 两类IT资源对渠道权力的不同影响	096
		5.5.3 理论贡献与实际应用	096
参考文献			097

6 基于信息技术的跨组织合作：合作伙伴投机氛围的权变影响　　101

6.1	研究问题与意义	102
6.2	文献回顾与理论	103
	6.2.1 合作伙伴机会主义与投机氛围	103
	6.2.2 跨组织关系治理	104
	6.2.3 企业IT能力	105
6.3	模型与假设	106
	6.3.1 合作伙伴投机氛围浓厚的情景中企业IT能力的影响	106
	6.3.2 合作伙伴投机氛围淡薄的情景中企业IT能力的影响	107
	6.3.3 不同合作伙伴投机氛围中企业关系治理行为对其渠道满意的影响	108
6.4	研究方法	109
	6.4.1 数据收集与样本	109
	6.4.2 变量指标与测量	109
6.5	数据分析与假设检验	113
	6.5.1 数据分析	113
	6.5.2 假设检验结果	115
6.6	讨论与结论	116
	6.6.1 企业IT能力的效果	116
	6.6.2 跨组织关系治理行为对跨组织合作满意的影响	117
	6.6.3 理论贡献与实际应用	117
参考文献		118

7 企业信息技术资源与私人关系资源在跨组织合作中的替代作用:基于合作伙伴投机氛围的权变模型　　123

- 7.1 研究背景与研究问题　　124
  - 7.1.1 合作伙伴机会主义的情境化　　124
  - 7.1.2 研究问题　　125
- 7.2 文献回顾与理论　　126
  - 7.2.1 跨组织合作中机会主义的情境化属性　　126
  - 7.2.2 私人关系　　128
  - 7.2.3 企业IT资源　　128
  - 7.2.4 跨组织合作　　129
- 7.3 研究假设　　130
  - 7.3.1 合作伙伴机会主义较多的情境中两种手段的对比　　130
  - 7.3.2 合作伙伴机会主义较少的情境中两种手段的对比　　132
- 7.4 研究方法　　134
  - 7.4.1 样本收集　　135
  - 7.4.2 变量测量　　136
  - 7.4.3 测量的信度与效度　　137
- 7.5 数据分析　　141
- 7.6 结论与讨论　　142
- 参考文献　　144

8 新兴信息技术的跨组织治理数字化应用场景:流程与控制论的视角　　149

- 8.1 研究问题的提出　　150

	8.1.1	研究背景	150
	8.1.2	研究问题	150
	8.1.3	研究贡献	152
8.2	跨组织治理的三种策略		153
8.3	跨组织治理流程的概念化		154
8.4	跨组织治理流程的核心步骤		155
	8.4.1	制订目标流程的核心步骤	155
	8.4.2	提供帮助流程的核心步骤	156
	8.4.3	控制违规流程的核心步骤	157
	8.4.4	绩效评价流程的核心步骤	158
8.5	跨组织治理流程与跨组织治理策略的对应关系		160
	8.5.1	治理策略与制定目标流程的对应关系	161
	8.5.2	治理策略与提供帮助流程的对应关系	162
	8.5.3	治理策略与控制违规流程的对应关系	162
	8.5.4	治理策略与绩效评价流程的对应关系	163
8.6	结论与讨论		164
	8.6.1	理论贡献	165
	8.6.2	管理启示	165
8.7	局限性和未来研究方向		166
	8.7.1	核心步骤中不同治理策略的协同效应	166
	8.7.2	情景化AI在核心步骤中的应用	167
参考文献			167

9 基于大数据技术的跨组织合作策略对合作绩效的影响：跨组织治理情境的权变影响　　175

9.1　研究问题与研究意义　　176

		9.1.1 研究背景与研究问题	176
		9.1.2 理论意义	177
		9.1.3 实践价值	177
	9.2	研究假设	178
		9.2.1 预防型与拓展型合作策略与跨组织合作绩效	178
		9.2.2 权力不对称性的权变影响	179
		9.2.3 关系发展阶段的权变影响	180
		9.2.4 合同协商与执行阶段的权变影响	181
	9.3	研究方法	182
		9.3.1 研究样本的收集	182
		9.3.2 调查问卷与变量测量	183
	9.4	数据分析与结果	185
	9.5	讨论与结论	186
		9.5.1 理论贡献	187
		9.5.2 实践意义	187
		9.5.3 局限性和未来研究方向	188
参考文献			188

10 基于区块链技术的跨组织治理机制研究　　195

	10.1	研究问题的提出	196
		10.1.1 研究背景与研究问题	196
		10.1.2 理论意义	198
		10.1.3 实践意义	198
	10.2	构成跨组织治理（合作）机制的核心要素	199
		10.2.1 基本原则	199
		10.2.2 交易规则制定方式	201
		10.2.3 约束手段	202

10.3 基于区块链技术的跨组织治理（合作）机制的构建　203
　　10.3.1 基于可追溯机制与共识机制的去信任化原则　203
　　10.3.2 基于区块链社区（联盟链）的交易规则制定方式　204
　　10.3.3 基于分布式记账系统、加密技术与智能合约的
　　　　　约束手段　205
10.4 区块链治理（合作）机制与四种传统机制的对比　206
10.5 讨论与结论　208
　　10.5.1 理论贡献　209
　　10.5.2 实践指导意义　209
　　10.5.3 局限性和未来研究方向　210
参考文献　210

1 绪论

1.1 跨组织治理与合作

以供应链与营销渠道为代表的跨组织合作已经成为当前企业应对环境风险与不确定性，提高企业市场竞争力的主要形式（Lee 等，2018；Papert 和 Pflaum，2018；Yang 等，2018）。跨组织合作的效率与效果将直接影响企业的收益、长期发展趋势与竞争优势（Bai 等，2016；Eckerd 和 Girth，2017）。因此，如何有效地对跨组织合作伙伴进行治理，提高双方的合作水平与效率，帮助彼此获得市场竞争优势就成为企业关注的重点问题。

然而跨组织治理（合作）与企业内治理有本质区别，其拥有比后者更为复杂的治理（合作）形式。具体而言，跨组织治理（合作）有以下四个独特之处（庄贵军，2007；庄贵军和席酉民，2004）：第一，跨组织治理（合作）中双方在法理上是彼此独立的，没有隶属关系，因此具有独立的发展目标、企业文化与战略，也具有独立的生产、经营和决策权力；第二，跨组织治理（合作）难以单独使用命令、权力和权威手段，而是需要同时使用依赖、互惠、合同、权力等机制；第三，跨组织治理（合作）中双方角色更容易发生互换，即一方往往只能在某些方面对另一方主动实施治理（或合作），而在其他方面反过来就成为被治理（或合作）的对象；第四，跨组织治理（合作）机制介于市场机制与科层机制之间，有些机制偏向于科层机制（如特许加盟），而有些机制则偏向于市场机制（如一般性市场交易）。

由于上述四点不同之处，导致跨组织治理（合作）更为复杂。在以往研究中，跨组织治理（合作）可以从三个角度来进行观察，分别是结构、程度与方式（庄贵军，2007；庄贵军和席酉民，2004）。

首先，结构指对于双方跨组织合作的制度化安排，包括建立、维持和终结跨组织合作的约定，以及这些约定在合作伙伴之间的洽谈、监督和执行等（Heide，1994）。目前跨组织治理（合作）结构有三种，分别是垂直一体化（类似于公司治理结构）、扁平化以及介于二者之间的关系化。其中垂直一体化与扁平化分别位于两端，关系化位于两者之间。关系化越偏向垂直一体化方向则双方绑定得越紧密，如特许加盟、独家代理等；而越偏向扁平化市场形式则双方绑定程度越低，如非独家代理、一般供应关系等。

其次，治理程度指一方对于另一方的控制强度（Shen等，2019；Wang和Zhang，2017；Zhang等，2017）。这是一个从完全控制到完全不控制的连续变量。完全控制对应的是垂直一体化结构（即企业内部治理结构），完全不控制则对应扁平化市场结构（即一次性交易方式），中间状态则对应关系化结构（如特许加盟、一般代理等）。

最后，治理方式也称为治理机制，指一方对于另一方的具体控制手段与措施。目前，治理机制有三种：权力（或权威）、关系和合同（Stern和El-Ansary，1992；庄贵军和席酉民，2004）。上述不同治理结构都可以使用这三种机制，如表1-1所示。

表1-1 跨组织治理结构与机制的不同组合

项目		治理结构		
		垂直一体化结构	中间商结构	市场结构
治理机制	权力	规章制度、政策、监督指导	渠道权力	自由选择交易者
	关系	公司文化	关系规则，如信任与承诺	等价交换原则和自由买卖原则
	合同	激励机制和报酬制度	合同条款、特许加盟条款	讨价还价确定价格
治理程度		高	从高到低，差别很大	低

由表1-1不难看出，权力、关系和合同这三种机制各有侧重，并不相互排斥，但是不同的治理机制在不同的治理结构下有着不同的内涵。

1.1.1 权力机制

在跨组织关系中，权力指一方拥有的，可以改变另一方原有的态度、行为与决策的潜在能力（Chae等，2017；Johnston等，2018；Rehme等，2016）。跨组织合作中权力的来源是合作伙伴之间合作分工的结果，即双方都要在一定程度上依赖于对方所提供的功能或价值，从而实现双方共同的目标（Casciaro和Piskorski，2005；Zhuang和Zhou，2004）。这种由分工所导致的功能或价值依赖将赋予双方一定程度权力。而且，如果一方越依赖于对方所提供的功能或价值，对方就越容易形成较大的权力。

从资源依赖理论来看（Hillman等，2009），跨组织合作中企业权力来源于其拥有的、对对方有价值的资源。例如一个拥有名牌产品的企业，其具有较多的品牌资源，那么这种资源就可以对其分销商形成认同权力。如果该企业为了维持这一名牌产品，对产品后续的研发投入较多，由此企业就能获得较高的技术能力，而这些技术能力就可以对其分销商形成专家权力。另一方面，如果企业愿意向其分销商提供技术支持（例如产品的安装、调试和使用培训等），这种技术支持也可以形成奖励权力。而一旦企业收回这种奖励，就会形成惩罚权力。

权力机制就是企业在跨组织合作中通过权力来控制对方态度、行为与决策的方式（Low 和 Lee，2016；Sheu，2015）。首先权力本身是企业的一种潜在能力，企业权力的大小由合作伙伴对其权力的感知所决定。如此一来，合作伙伴有可能基于其对企业权力的感知来改变（或不改变）其态度、行为与决策，而不需要企业真正使用其权力。接下来，企业通过使用权力也能改变合作伙伴的态度、行为与决策。目前研究者对于使用权力也有两种观点。第一种观点认为权力使用就是对于渠道权力基础的使用（Handley 和 Benton Jr，2012；Zhuang 等，2010），例如给予奖励、实施惩罚、提供信息等。第二种观点认为权力使用是权力拥有者对权力对象施加影响的策略（Handley 和 Benton Jr，2012；Zhuang 等，2010），例如许诺策略——"如果你们按照我们的要求去做，我们就给你们奖励或支持"，建议策略——"建议你们按照我们的要求去做，这样你们就能获得更多利益"。不过这两种观点都将权力的使用划分为两类：使用强制性权力和使用非强制性权力。例如实施惩罚和法定策略、威胁策略等都属于使用强制性权力，而给予奖励、提供信息和建议策略、信息交换策略等都属于使用非强制性权力。

1.1.2　关系机制

在跨组织合作过程中，由于具体的工作都是由人来完成的，因此跨组织合作也受到人社会属性的影响，即在跨组织合作中人与人之间的承诺、信任、互惠等因素会影响双方企业的跨组织合作过程。如此一来，这些因素也能成为企业实施跨组织治理的有效手段。

不过，关系是一个内涵非常丰富的概念，其包含三方面的内容（Leung 等，2005；Wang，2007；Zhuang 等，2010）。第一，关系状态。在跨组织治理当中，用于描述双方关系状态的概念是关系质量，即双方对关系互动所产生的结果满意或不满意的累积，其主要包括信任、承诺和满意这三个要素。第二，关系行为，主要指双方的各种联合行动，如沟通、灵活应对和信息交换、建立承诺。不过，这些联合行动都可以由双方事前的共同制订计划和事后的共同解决问题涵盖。第三，关系规范，指约束彼此关系行为的规范与准则，如人情、面子和互惠等。其中，关系状态是双方关系互动（即行为）的起点或终点，可以被观察和被感知。而关系规范则控制与引导双方的关系互动过程，其只能在这个过程中体现出来。也就是说，关系规范是关系的内隐形态。

企业在跨组织合作中实施关系治理其本质是通过双方都认可的关系规范来约束彼此的行为与决策，而由于关系规范内隐在双方关系行为中，所以跨组织关系治理需要通过双方关系互动行为来实现（Claro 等，2003；Poppo 等，2008；Zhuang 等，2010；庄贵军等，2008）。不过，由于双方关系行为的起点和终点都是关系状态，关系状态对关系行为具有重要的影响，因此在研究关系型治理行为时必须考虑双方的关系状态。

1.1.3 合同机制

合同是由订立合同的双方在特定条件下对商定事件的文字形式的纪录（Gorovaia 和 Windsperger，2018；Zhang 等，2018）。只要是没有违反法律，没有自我矛盾的合同条文，双方自愿订立，没有伤及第三人的利益，订立合同的出让方对标的物有处分权，订立合同的一方或双方没有出于欺骗目的，那么合同就是有效的，将受到法律的保护（Gorovaia 和 Windsperger，2018；Zhang 等，2018）。

在跨组织合作中，合同可以作为一种有效的治理机制来减少跨组织合作过程中的风险和不确定性。这是因为，首先，合同以文字形式呈现在纸质载体上，相比口头合同或承诺更正式，不容反悔和抵赖，具有更强的可追溯性（Gu 等，2008；Poppo 等，2008；Villena 等，2011；Wuyts 和 Geyskens，2005）。其次，合同的法律效力源于国家最基本的宪法或制度，其效力和约束力不容置疑，如果某一方违反合同条款而给受害方造成损失，则受害方可以依据合同获得强制性权力，令对方为自己的损失承担相应的责任（Gorovaia 和 Windsperger，2018；Zhang 等，2018）。最后，合同也是社会关系规范的重要补充（Kashyap 和 Murtha，2017；Shou 等，2016），因为社会规范并不是明确和强制性的，每个人的理解不完全相同，这就很容易产生误解和矛盾，因此需要清晰明确，没有歧义的合同条款来明确双方彼此的权利与义务。

1.2 跨组织治理与合作的数字化

从 20 世纪 90 年代起，信息技术发展迅速，其已经成为企业生产经营过程中不可或缺的工具与手段。在早期，以计算机、信息系统和互联网为代表的传统信息技术在企业当中广泛应用，如企业信息系统、数据库系统、ERP 系统等。企业将许多工作与流程嵌入企业系统之中，由此提高企业工作与流程的执行效率、执行的规范性以及可监控性（Melian-Alzola 等，2020；Wu 和 Ding，2020）。近年来，随着以大数据、区块链与人工智能为代表的新兴信息技术快速发展，这些新兴信息技术也逐渐开始在许多企业当中使用（Sousa 等，2020；Zhou 等，2020）。

在跨组织治理与合作研究领域，基于传统信息技术的研究已经比较丰富，而基于新兴信息技术的研究还处于初期阶段。不过大数据、区块链这些新兴信息技术的潜力更大，不但能对以往跨组织治理机制进行赋能与助力，还能构建区别于以往的新型跨组织治理（合作）机制。下面首先对基于传统信息技术的跨组织治理（合作）研究的基本结论进行回顾，然后对基于新兴信息技术的跨组织治理（合作）研究主要发现进行简述。

1.2.1 基于传统信息技术的数字化跨组织治理机制

以往研究发现，企业在信息技术的帮助下，通过流程再造、重塑企业能力、优化资源等途径，对企业自身的生产经营活动进行了重塑与升级，从而更好地适应环境的快速变化与竞争的加剧（Kamdjoug 等，2019；Ecuyer 等，2019；Raymond 等，2019）。Dewett 和 Jones（2001）对此进行的总结，认为计算机、信息系统、互联网等传统信息技术对于企业的价值主要体现在提高信息效率与信息协调水平两个方面。前者指企业收集、存储、交换、共享信息与数据的能力与水平可以得到提高；后者指企业在处理、利用、挖掘信息与数据价值的能力与水平可以得到提高。

由于传统信息技术的这两方面价值，企业从而在以下五个方面获得优势（Dewett 和 Jones，2001）：第一，连接企业人员并对其赋能，从而帮助企业人员更有效地处理工作相关信息与数据，提高整体企业工作效率与效果；第二，管理组织知识，从而帮助企业积累有价值的知识与数据，总结技巧与经验，提高企业新产品开发水平与应对环境变化的能力；第三，拓展企业边界，通过信息系统降低企业间交易成本，从而提高企业间协同水平；第四，提高信息处理的效率，从而帮助企业快速对所收集的信息和数据进行计算与挖掘，对战略、市场、竞争、销售、企业运营等方面形成深刻的洞察；第五，促进创新合作与创新协同的效率，从而帮助企业提高企业创新的成功率，获得更满足市场需求的新产品与服务，提高企业竞争优势并应对快速变化的环境。

总的来看，传统信息技术对企业的价值主要体现在其丰富的信息获取、处理、管理与共享等功能上（Braojos 等，2019；Gao 等，2019；Irfan 等，2019；曾伏娥等，2018）。不过根据 RBV 理论的观点，由于信息技术可以在市场交换获得，不具备独特性与不可替代性，因此只能给企业带来暂时的竞争优势。随着竞争对手广泛采用，这种竞争优势会随之消失。而如果企业希望通过传统信息技术获得持续竞争优势，就需要将这些信息技术与企业其他功能、资源与能力进行赋能（例如新产品开发、供应链管理、企业创新等）相互融合，从而获得有价值、稀有、不可替代与不可模仿的特征，这样才能为企业带来持续的竞争优势。

基于这一观点，以往研究者（Zhang 和 Qian，2020；张涛和庄贵军，2017）认为，企业跨组织治理（合作）的数字化转型也应当从信息技术的功能与价值视角入手，由此分析传统信息技术能为企业跨组织治理（合作）带来哪些改变与帮助，并进一步探讨如何借助传统信息技术提高权力、关系与合同这三种原有跨组织治理（合作）机制的效率与效果。

对于权力机制而言，传统信息技术的价值主要体现在信息与数据的管理方面（张涛和庄贵军，2017），即对于企业跨组织合作过程中产生的数据与信息，提高其收集、统计与分析的水平，从而帮助企业加强基于信息的权力基础（即对权力进行数字化赋能）。通过这样的方式，传统信息技术对跨组织治理中的权力机制进行转型与升级。

对于关系机制而言，传统信息技术的价值主要体现在对于双方关系互动的促进作用上（Zhang，2019），即在跨组织合作过程中信息技术对双方边界人员的关系建立、合作、交往、关系互动进行赋能，从而提高双方关系互动的效率与效果，并建立更高水平的互信与承诺。传统信息技术赋能双方边界人员，从而对跨组织治理中的关系机制进行转型与升级。

对于合同机制而言，传统信息技术的价值主要体现在对于合同制定与合同执行过程的赋能（Zhang 和 Qian，2020），即通过传统信息技术（如合同管理系统，合同监控系统等）提高双方制定合同条款的水平，从而制定出更为完善和有效的合同条款，并提高对于合同条款执行情况的监督与监控，从而保证合同的全面、完善与正确执行。通过这种方式，传统信息技术对合同的制定与执行全过程进行赋能，从而对跨组织治理中的合同机制进行转型与升级。

1.2.2 基于大数据的跨组织治理（合作）机制

大数据指具有海量（volume）、时效（velocity）、多样（variety）、低价值密度（value）、真实（veracity）这五种特性的数据（Rogerson 和 Parry，2020）。大数据在获取、存储、管理、分析方面大大超出了传统数据库软件工具能力范围，必须使用专业和特殊的数据获取、存储和分析手段，即大数据技术（Rogerson 和 Parry，2020；Zavolokina 等，2020）。通过大数据技术，企业可以在更广阔的范围内收集更为丰富和多样的数据，并采用机器学习（或深度学习）这种具有突破性的人工智能分析方法来对数据价值进行挖掘，从而为企业管理、运营、决策提供支持与帮助（Xiao 等，2020）。

在跨组织治理（合作）领域，大数据技术同样具有广泛的应用，例如收集和监控供应链运行数据，运用机器学习（或深度学习）算法发现供应链运营过程潜在的问题与危机，或发现供应链可供优化的环节，或自动进行决策（Dubey 等，2019）。从跨组织治理（合作）角度来看，大数据技术不但可以作为企业关系治理机制的数字化协作平台——支持双方基于关系规范地分析问题与解决问题，还可以作为企业合同治理机制的数字化监控平台——实时监督合作伙伴的合同执行情况，保证合同被正确和真实地执行。与此同时，企业基于大数据技术获取的海量数据与信息，并采用数据挖掘算法对其分析与提炼，从而获得更为有价值的知识与洞察，并基于此可以设计辅助与决策系统。而如果这种知识与洞察对于合作伙伴越重要，就越能对其形成更大的权力，从而提高企业跨组织治理中权力机制的效果。

总的来看，相比传统信息技术对跨组织治理机制的转型主要集中在效率与自动化方面，大数据技术（新兴信息技术的一种）在此基础上更强调基于大量数据的决策与判断（Dubey 等，2019）。

1.2.3 基于区块链技术的新兴跨组织治理机制

跨组织治理机制需要具备以下三点特性：第一，能够为双方交易设定规则；第二，具有确保双方遵守规则的强制性（或非强制性）约束手段；第三，所产生的交易成本较低（至少可控）。从这三点特性来看，权力、关系与合同这三种控制机制都存在一定局限与短板。

具体而言，权力机制对企业自身要求较高，比较适用于双方权力差距较大的情况（Sheu 和 Hu，2009；Zhuang 等，2010）。而且这种机制以权力优势一方为核心，一旦其内部出现问题或战略选择失误，则会直接影响合作伙伴的收益。相比而言，合同机制适用范围更广，而且也有国家法律作为强制性手段来保障合同执行。但正因为如此，如果法律法规本身有缺陷或诉讼成本过高，这种机制的效果将受到很大影响（尤其是在跨国层面）。类似地，关系机制的使用范围也很广，而且能够作为合同机制的有效补充，不过这种机制构建在非强制性的社会规范上，约束效果不稳定且受诸多因素的影响（如关系参与者的个性特质、竞争对手策略、市场需求等）。而且许多研究还发现关系存在黑暗面，会成为企业跨组织治理的不利因素（Gu 等，2008；Villena 等，2011）。更重要的是，这两种机制的交易成本普遍都比较高，前者会产生诸如沟通、协商以及监督执行等成本，后者会在关系建立、发展、维持和终结过程中产生各种成本。

相比于现有跨组织治理机制，区块链技术以分布式存储、智能合同与非对称加密算法为核心，具有去中心化、去信任化、公开性等特性。基于这些特性，区块链技术就可以为企业提供一种更为简单、稳定和有效的跨组织治理机制。例如，在一条由供应商、批发商、分销商、代理商等企业组成的联盟链上（区块链的一种），分布式数据库可以存储以往交易记录，从而实现企业间交易去信任化（避免关系策略的短板）；智能合约可以根据规则自动执行而不需要监督，以此约束链上企业的行为（避免合同策略的短板）；加密货币可以为链上企业进行价值转移提供安全保障（避免合同、第三方平台策略的局限）。简单来说，借助区块链技术企业可以不必依仗第三方机构（如银行、金融机构、平台企业、法院等）就能实施跨组织治理，这是一种不同于上述三种传统治理机制的新型机制。

参考文献

曾伏娥，郑欣，李雪，2018. IT 能力与企业可持续发展绩效的关系研究 [J]. 科研管理，39(4):92-101.

张涛，庄贵军，2017. 如何由 IT 资源获取渠道权力？以信息的搜集和共享为途径 [J]. 管理评论，29(1):134-143.

庄贵军，2007. 中国企业的营销渠道行为研究 [M]. 北京：北京大学出版社.

庄贵军，李珂，崔晓歌，2008. 关系营销导向与跨组织人际关系对企业关系型渠道治理的影响 [J]. 管理世界 (7): 77-90.

庄贵军，席酉民，2004. 中国营销渠道中私人关系对渠道权力使用的影响 [J]. 管理科学学报 (6):52-62.

Bai X，Sheng S，Li J J，2016. Contract governance and buyer-supplier conflict: The moderating role of institutions[J]. Journal of Operations Management，41(1):12-24.

Braojos J，Benitez J，Llorens J，2019. How do social commerce-IT capabilities influence firm performance? Theory and empirical evidence[J]. Information & Management，56(2):155-171.

Casciaro T，Piskorski M J，2005. Power imbalance, mutual dependence, and constraint absorption: A closer look at resource dependence theory[J]. Administrative Science Quarterly，50(2):167-199.

Chae S，Choi T Y，Hur D，2017. Buyer power and supplier relationship commitment: A cognitive evaluation theory perspective[J]. Journal of Supply Chain Management，53(2):39-60.

Claro D P，Hagelaar G，Omta O，2003. The determinants of relational governance and performance: How to manage business relationships?[J]. Industrial Marketing Management，32(8):703-716.

Dewett T，Jones G R，2001. The role of information technology in the organization: A review, model, and assessment[J]. Journal of Management，27(3):313-346.

Dubey R，Gunasekaran A，Childe S J，2019. Big data analytics capability in supply chain agility: The moderating effect of organizational flexibility[J]. Management Decision，57(8):2092-2112.

Eckerd A, Girth A M, 2017. Designing the buyer–supplier contract for risk management: Assessing complexity and mission criticality[J]. Journal of Supply Chain Management, 53(3):60-75.

Gao P R, Gong Y M, Zhang J L, et al, 2019. The joint effects of IT resources and CEO support in IT assimilation Evidence from large-sized enterprises[J]. Industrial Management & Data Systems, 119(6):1321-1338.

Gorovaia N, Windsperger J, 2018. The choice of contract duration in franchising networks: A transaction cost and resource-based view[J]. Industrial Marketing Management, 75:125-133.

Gu F F, Hung K, Tse D K, 2008. When does guanxi matter? Issues of capitalization and its dark sides[J]. Journal of Marketing, 72(4):12-28.

Handley S M, Benton Jr W C, 2012. The influence of exchange hazards and power on opportunism in outsourcing relationships[J]. Journal of Operations Management, 30(1-2):55-68.

Heide J B, 1994. Interorganizational governance in marketing channels[J]. Journal of Marketing, 58(1):71-85.

Hillman A J, Withers M C, Collins B J, 2009. Resource dependence theory: A review[J]. Journal of Management, 35(6):1404-1427.

Irfan M, Wang M Z, Akhtar N, 2019. Impact of IT capabilities on supply chain capabilities and organizational agility: A dynamic capability view[J]. Operations Management Research, 12(3-4):113-128.

Johnston W J, Le A N H, Cheng, J M-S, 2018. A meta-analytic review of influence strategies in marketing channel relationships[J]. Journal of the Academy of Marketing Science, 46(4):674-702.

Kamdjoug J R K, Tewamba H N, Wamba S F, 2019. IT capabilities, firm performance the mediating role of ISRM A case study from a developing country[J]. Business Process Management Journal, 25(3):476-494.

Kashyap V, Murtha B R, 2017. The joint effects of exante contractual completeness ex post governance on compliance in franchised marketing channels[J]. Journal of Marketing, 81(3):130-153.

L'Ecuyer F, Raymond L, Fabi B, et al, 2019. Strategic alignment of IT human resources management in manufacturing SMEs empirical test of a mediation model[J]. Employee Relations, 41(5):830-850.

Lee Y S, Ribbink D, Eckerd S, 2018. Effectiveness of bonus penalty incentive contracts in supply chain exchanges: Does national culture matter?[J]. Journal of Operations Management, 62:59-74.

Leung T K P, Kee-Hung L, Chan R Y K, et al, 2005. The roles of xinyong guanxi in

Chinese relationship marketing[J]. European Journal of Marketing, 39(5/6):528-559.

Low W, Lee H, 2016. The exercise acceptance of power in an industrial channel dyad[J]. Journal of Business-to-Business Marketing, 23(2):135-151.

Melian-Alzola L, Fernez-Monroy M, Hidalgo-Penate M, 2020. Information technology capability organizational agility: A study in the Canary Isls hotel industry[J]. Tourism Management Perspectives, 33:100606.

Papert M, Pflaum A, 2018. Development of an ccosystem model for the realization of Internet of Things (IoT) services in supply chain management[J]. Electronic Markets, 27(3):1-15.

Poppo L, Zhou K Z, Ryu S, 2008. Alternative origins to interorganizational trust: An interdependence perspective on the shadow of the past and the shadow of the future[J]. Organization Science, 19(1):39-55.

Poppo L, Zhou K Z, Zenger T R, 2008. Examining the conditional limits of relational governance: Specialized assets, performance ambiguity, long-sting ties[J]. Journal of Management Studies, 45(7):1195-1216.

Raymond L, Bergeron F, Croteau A M, et al, 2019. Determinants outcomes of IT governance in manufacturing SMEs: A strategic IT management perspective[J]. International Journal of Accounting Information Systems, 35:100422.

Rehme J, Nordigarden D, Ellström D, et al, 2016. Power in distribution channels - Supplier assortment strategy for balancing power[J]. Industrial Marketing Management, 54:176-187.

Rogerson M, Parry G C, 2020. Blockchain: Case studies in food supply chain visibility[J]. Supply Chain Management-an International Journal, 25(5):601-614.

Shen L, Su C, Zheng X, et al, 2019. Contract design capability as a trust enabler in the pre-formation phase of interfirm relationships[J]. Journal of Business Research, 95:103-115.

Sheu J B, 2015. Power shifts relationship quality improvement of producer-retailer green channel dyads under government intervention[J]. Industrial Marketing Management, 50:97-116.

Sheu J B, Hu T L, 2009. Channel power, commitment performance toward sustainable channel relationship[J]. Industrial Marketing Management, 38(1):17-31.

Shou Z, Zheng X, Zhu W, 2016. Contract ineffectiveness in emerging markets: An institutional theory perspective[J]. Journal of Operations Management, 46(1):38-54.

Sousa P R, Resende J S, Martins R, et al, 2020. The case for blockchain in IoT identity management[J]. Journal of Enterprise Information Management, 35(6):1477-1505.

Stern L W, El-Ansary A I, 1992. Marketing channels. 4th ed. New Jersey: Prentice-Hall, Inc.

Villena V H, Revilla E, Choi T Y, 2011. The dark side of buyer-supplier relationships: A social capital perspective[J]. Journal of Operations Management, 29(6):561-576.

Wang C L, 2007. Guanxi vs relationship marketing: Exploring underlying differences[J]. Industrial Marketing Management, 36(1):81-86.

Wang J J, Zhang C, 2017. The impact of value congruence on marketing channel relationship[J]. Industrial Marketing Management, 62:118-127.

Wu S M, Ding X H, 2020. Unpacking the relationship between external IT capability open innovation performance: Evidence from China[J]. Business Process Management Journal, 26(7):1789-1805.

Wuyts S, Geyskens I, 2005. The formation of buyer-supplier relationships: Detailed contract drafting and close partner selection[J]. Journal of Marketing, 69(4):103-117.

Xiao X, Tian Q, Mao H, 2020. How the interaction of big data analytics capabilities and digital platform capabilities affects service innovation: A dynamic capabilities view[J]. IEEE Access, 8:18778-18796.

Yang D, Sheng S, Wu S, et al, 2018. Suppressing partner opportunism in emerging markets: Contextualizing institutional forces in supply chain management[J]. Journal of Business Research, 90:1-13.

Zaokina L, Miscione G, Schwabe G, 2020. Buyers of 'lemons': How can a blockchain platform address buyers' needs in the market for 'lemons'?[J]. Electronic Markets, 30:227-239.

Zhang C, Bai X, Gu F F, 2018. Contract learning in the aftermath of exchange disruptions: An empirical study of renewing interfirm relationships[J]. Industrial Marketing Management, 71:215-226.

Zhang Q, Zhou K Z, Wang Y, et al, 2017. Untangling the safeguarding and coordinating functions of contracts: Direct and contingent value in China[J]. Journal of Business Research, 78:184-192.

Zhang T, Qian L, 2020. Investing in IT: A new method for improving the efficiency of contract governance in interfirm relationships[J]. Industrial Management & Data Systems, 120(6):1245-1262.

Zhou L, Zhang L, Zhao Y, et al, 2020. A scientometric review of blockchain research[J]. Information Systems and E-Business Management, 19(3):757-787.

Zhuang G, Xi Y, Tsang A S L, 2010. Power, conflict and cooperation: The impact of guanxi in Chinese marketing channels[J]. Industrial Marketing Management, 39(1):137-149.

Zhuang G, Zhou N, 2004. The relationship between power dependence in marketing channels: A Chinese perspective[J]. European Journal of Marketing, 38(5/6):675-693.

2

理论背景与分析框架

2.1 跨组织治理相关理论

2.1.1 权力理论及相关研究

权力一直以来都是跨组织关系中的核心变量之一，围绕权力展开的相关实证研究非常多。这些研究主要集中在权力与依赖的关系、权力与权力使用的关系、影响渠道权力使用的因素以及权力使用等方面。

首先，研究者发现权力与依赖之间存在正相关关系，即权力产生于对方对自己有价值资源的依赖（Skinner 等，1987；Zhuang 和 Zhou，2004；庄贵军等，2006）。例如，Skinner 等（1987）研究发现，不同交易形式中权力与依赖的水平存在较大的差异，即传统渠道中权力与依赖水平低于契约型和科层型渠道中权力与依赖的水平。但在基于中国情景的研究中，庄贵军和周南（2004）的研究与庄贵军等（2006）的研究认为权力与依赖之间的因果关系是相反的，即一个渠道成员的权力会导致另一个渠道成员对其产生依赖，这是由于中国的集体主义文化与西方的个人主义文化之间的差异造成的。

关于权力和权力使用之间的关系，许多研究发现渠道成员权力越大则越倾向于使用非强制性权力（或非强制性影响战略），同时也越不倾向于使用强制性权力（或强制性影响战略）（Zhuang 和 Zhou，2004）。不过，也有许多研究对权力和强制性权力使用之间的关系存在不同看法，例如 Gassenheimer 和 Ramsey（1994）研究发现，若渠道中一方权力越大则会越倾向于使用强制性权力。

关于影响渠道权力使用的其他因素，庄贵军和席酉民（2004）研究发现，私人关系越好，企业越不倾向于使用强制性权力，同时越倾向于使用非强制性权力。庄贵军等（2008）研究发现，关系营销导向对强制性权力的使用有负相关关系，而对非强制性权力的使用有正相关关系。Ness 和 Haugland（2005）研究发现，企业与其渠道伙伴之间长期关系导向（关系质量的一个重要组成部分）越强，则越不倾向于使用强制性影响策略，而会越倾向于使用非强制性影响策略。

总而言之，第一，大多数研究都认为依赖导致权力，然而在中国，有研究认为两者之间的因果关系可能反过来；第二，已有研究对权力和非强制性权力之间正相关关系的看法比较一致，但对于权力和强制性权力之间的关系还没有统一的看法；第三，大多数学者都认为强制性权力基础和非强制性权力基础都会增强企业的权力，只是非强制性权力基础是通过价值内化的方式来提高企业的渠道权力；第四，渠道权力的使用是一个非常复杂的行为，许多因素都会对其产生影响，例如环境复杂性、私人关系、关系营销导向等。

2.1.2 关系治理理论及相关研究

关系治理理论与研究非常丰富，下面首先展示一部分具有代表性的研究。Griffith 等（2006）研究发现，过程公平与结果公平可以促进双方的关系治理行为，而关系治理行为又可以降低双方的冲突并提高满意度。Gencturk 和 Aulakh（2007）研究发现，双方不同的关系结构会影响双方基于控制的治理行为和基于关系规范的治理行为，以及这两种控制对企业绩效的影响会受到环境不确定的调节。Wang 和 Wei（2007）研究发现，基于关系规范的治理行为可以增加供应链的柔性。Poppo（2008）研究发现，交易的风险和关系长度都对关系型治理与绩效之间的关系存在调节作用。Zhou 等（2008）研究发现，无论是中国公司还是外国公司，资产专有性越高则双方越倾向于使用关系规范，或者环境不确定性越高双方也越倾向于使用关系规范。

通过对以上文献展示不难发现，对于关系型治理（或者关系规范）的研究主要采用的理论是社会契约理论、社会交换理论。不过，已有研究对于关系型治理的界定却存在差异，有些研究者从契约视角，认为关系型治理是双方在合作过程中，通过建立非正式契约来约束和规范彼此的行为。这些非正式契约是双方都认可的关系规范，例如信息共享、柔性和团结等。持有这种观点的研究者关注的主要是关系规范这种非正式契约对于企业绩效的影响，正式契约（合同）与非正式契约（关系规范）之间的相互影响，以及影响关系规范的其他因素。还有一些研究者从行为角度，认为关系型治理主要体现在关系行为之上，例如双方的互信、承诺、共同制订计划、共同解决问题等。关系规范只是暗含在这些行为之中，并不能直接发挥作用。持有这种观点的研究关注的主要问题是双方的关系行为或者互动对企业绩效或者双方满意等因素的影响，以及影响双方关系行为的其他因素。

2.1.3 合同治理理论及相关研究

基于合同治理（合作）的研究也非常多。例如，Brown 等（2006）研究发现，具有法律效力的合同条款越明确则双方感受到的冲突越多，而双方使用规范合同（即关系契约）则会提高经济利益回报，双方感受到的冲突越少。Liu 等（2009）研究发现合同机制和关系机制都可以有效地抑制对方的投机行为，但相比而言，合同机制比关系机制更有效。Yang 等（2010）研究了在不同关系连接的情景下，使用正式合同与信任（关系规范的一种）对投机行为与长期关系导向的影响。Zhou 和 Poppo（2010）研究了中国环境下，法律的强制性对交易风险、明确合同使用以及关系可靠性之间关系的调节作用。

Cavusgil 等（2004）研究发现，在跨国分销的过程中如果不考虑分销商所在国法律环境的影响，正式合同的使用对分销商的投机行为没有明显的抑制作用。Wuyts 和 Geyskens（2005）研究发现，详细合同的制定并不能降低对方的投机行为，但是网络嵌入性可以提高制定详细合同的效率。Li 等（2010）研究了正式合同与组织获取知识之间的关系，研究发现正式合同的制定有助于企业获得明确的、外显的知识，而对获得暗含的、模糊的知识没有显著影响；此外，他们还发现使用正式合同与关系规范机制之间，在影响企业获得明确的与暗含的知识时有显著的交互作用。

总的来看，合同治理相关研究主要分为两类。第一类主要从社会契约理论视角入手，将正式合同看作具有强制性法律效力的约定，关注的研究问题主要是影响正式合同与非正式合同（即关系规范）使用的因素，两种合同对企业绩效和合作的影响，以及两种合同之间的交互效应。第二类研究则主要从合同的法律效力出发，主要采用交易成本理论。这一类研究将合同看作双方对于未来事务明确的约定，关注的研究问题主要是合同的制定对对方投机行为的抑制作用。

然而上述两类研究，要么是单独研究明确合同的影响，要么同时研究明确合同与关系规范的作用，没有将权力、关系规范与合同这三种控制方式的作用同时分析。本研究正是针对这一不足展开的。

2.2 传统信息技术的战略价值研究

2.2.1 信息技术及相关概念

信息技术（IT）是与信息（包括声音、图片、文字等）获取、处理、存储和传播有关的计算与通信技术（Bharadwaj，2000；Powell 和 Dent-Micallef，1997；Ray 等，2007）。研究者主要从资源基础理论（resource based view，RBV）视角，通过构建 IT 资源（或能力）的概念来研究 IT 对企业的战略价值。

在 IT 资源（或能力）的概念界定上，研究者基本观点一致，即企业利用 IT 创造竞争优势的资源或能力。例如，Bharadwaj（2000）定义为调用和整合基于 IT 资源的能力，以达到与其他资源或能力相结合的目的。Tippins 和 Sohi（2003）定义为企业对 IT 的了解程度以及有效使用 IT 管理企业信息的水平。张嵩和黄立平（2003）定义为一种调用和部署 IT 资源从而获取长期竞争优势的能力。吴晓波等（2006）定义为企业拥有、配置和应用基于 IT 的资源，以促进其自身业务重组，从而获取竞争优势的能力。

虽然研究者对 IT 资源（或能力）的概念界定没有太多争论，但对其内涵存在不同意见。例如 Tippins 和 Sohi（2003）将 IT 能力划分为 IT 知识、IT 基础设施以及 IT 操作三个方面。陈建斌等（2010）将 IT 能力分为 IT 基础设施、人机综合资源以及 IT 无形资源。焦豪等（2008）认为，IT 能力由 IT 体系惯例、IT 基础设施、人力 IT 资源与 IT 关系资产四个要素构成。Pavlou 和 El-Sawy（2006）对此总结，以往对于 IT 资源（能力）的各种划分方式背后所体现的主要因素都能归入三个方面：IT 设施、IT 人员的技术经验以及基于 IT 的商业关系。

2.2.2 IT 资源与能力相关研究

在前期,该主题研究主要针对信息技术对企业绩效、持续竞争优势的影响。例如,Bharadwaj(2000)研究发现,拥有较多 IT 资源(包括 IT 架构、IT 人员和基于 IT 的无形资产)的企业,其利润率和成本都要优于拥有较少 IT 资源的企业。Tanriverdi(2006)发现 IT 用于管理供应商可以有效提高企业绩效。

后期,该主题下研究越来越关注信息技术对企业之中某些其他资源、环节或能力的影响。例如 Pavlou 和 El-Sawy(2006)分析了 IT 能力对企业新产品研发环节的影响,发现企业的 IT 能力可以增强企业的新产品开发能力,从而帮助企业在新产品开发方面形成持续的竞争优势。Chen(2007)研究了 IT 能力对团队合作的影响,发现 IT 能力可以增强不同功能团队之间的协作与互动水平,由此增强企业的新产品研发能力。Wu 等(2006)研究发现,IT 的先进性和 IT 兼容性可以提高企业的供应链管理能力,从而提高企业的绩效。

2.3 新兴信息技术的战略价值研究

2.3.1 大数据与人工智能技术的战略价值研究

目前对于大数据技术与人工智能技术战略价值的研究主要集中在商务分析、商务智能、信息系统、运营管理等领域,研究者基于 RBV 理论或动态能力理论,通过构建大数据商业分析能力(big data business analytics)来对其战略价值进行研究(Chen 等,2012;Conboy 等,2020)。

具体而言,这是一种在大数据技术背景下的企业能力,可以从海量数据中抽取有价值的信息来支持企业决策,从而帮助企业获得竞争优势(Chen 等,2012;Conboy 等,2020)。根据定义,这一概念包含两个维度:大数据能力和商业分析能力(Wang 等,2016)。前者指企业拥有处理海量(volume)、高速(velocity)和多变(variety)的商业数据的能力；后者指企业使用数学、统计学、计量经济学、仿真、优化或相关技术来帮助企业从数据中挖掘有价值的信息，发现商业规律，从而提高决策效率与效果的能力（Wang 等，2016）。而随着人工智能（AI）技术的快速发展，给企业挖掘信息，发现规律提供了更好更有效的工具——通过机器学习与充分的数据训练，人工智能可以对海量数据进行有效的挖掘、学习并最终将有价值的规律展现出来，从而为企业决策提供支持（甚至代替决策者进行决策），及时帮助企业发现并利用市场机会或回避风险（Andre 等，2018；Castelo 和 Ward，2016；Davenport 等，2020；Kaplan 和 Haenlein，2019；刘业政等，2020；贾建民等，2020；陈国青等，2020）。

例如，Davenport 等（2020）对人工智能技术在营销领域的相关研究进行了梳理和回顾，并探讨了未来人工智能技术背景下的营销研究趋势与方向。Reese（2018）以及 Kaplan 和 Haenlein（2019）将 AI 分为专用（narrow）AI 和通用（general）AI。在此基础上，Huang 和 Rust（2018）总结发现，在提供服务过程中，专用 AI 是机械性和分析性的，擅长处理简单的、规则明确的任务，而通用 AI 则是直觉性和共情性的，可以处理复杂的、需要全面考虑且情景相关的任务。Davenport 和 Ronanki（2018）总结 AI 对于企业生产经营的意义在于自动化业务流程，从数据中挖掘洞见以及提高客户与员工对企业业务的参与度。刘业政等（2020）针对大数据的价值进行了研究，从数据间的协同、计算间的协同、分析间的协同和人机间的协同四个方面提出一个 4C 模型，构建了面向商业价值挖掘的研究框架。贾建民等（2020）从时间、空间和关联性三个角度来探讨和总结相关大数据行为，探讨了人类行为的基本规律以及各种应用场景。Vidgen 等（2017）以及 Conboy 等（2020）基于社会技术模型，采用案例研究法对基于大数据的商业分析与企业动态能力之间的关系进行了研究。

2.3.2　区块链技术的战略价值研究

目前对于区块链技术原理、加密算法、分布式数据库存储等技术类研究主要集中在计算机科学领域，而对于区块链技术的应用范围、方式与场景主要集中在运营与供应链管理领域。后者与本项目关系密切，后面将对该领域研究做简要总结。根据 Pournader 等（2019）的观点，目前运营与供应链管理领域的区块链研究主要集中在四个方面：第一，区块链对物联网和供应链的影响，例如有研究提出区块链技术可以补充和修正物联网的固有缺陷（Makhdoom 等，2019）；第二，基于区块链的信任机制，如有研究认为区块链可以加强供应链和物联网数据的安全性，去中心化机制也可以保证物联网数据传输的可靠性，以及区块链的身份识别机制等都可以促进供应链伙伴之间的互信（Kshetri，2017）；第三，区块链贸易，如点对点交易与能源交易中智能合约的作用（Aitzhan 和 Svetinovic，2018；Eenmaa-Dimitrieva 和 Schmidt-Kessen，2019；Kang 等，2017），加密货币（如比特币）交易与自治组织（Hsieh 等，2018），加密货币与供应链金融（Babich 和 Hilary，2019；李菲雅等，2017；蔡恒进和郭震，2019）；第四，基于区块链的可追溯机制，如有研究提出区块链技术可以为产品和库存的追溯提供支持，从而帮助供应链上信息透明化（Saberi 等，2019；汪传雷等，2017），并提高区块链的稳定性（Garcia-Torres，2019）。

总体来说，在跨组织管理研究领域，目前对于区块链的研究仍然处于起步阶段（李晓和刘正刚，2017），以探讨性、介绍性和概念性研究为主，缺少基于案例或数据的实证研究，更未发现有研究将区块链技术作为一种跨组织控制策略加以研究。针对于此，本项目将探讨区块链控制策略的具体表现形式与特征、控制效果以及背后的逻辑。在理论上，本项目不但能弥补跨组织控制理论与研究的不足，还能进一步拓展信息系统领域区块链相关研究。实践上，本项目研究将为企业实施跨组织治理提供一条新的思路，为企业指明发展方向并提示发展重点，帮助企业借助区块链技术提高跨组织治理效果与水平。

2.4　分析框架与实证研究内容

信息技术是当前发展最为迅速的领域之一。近二十年来，从早期的计算机、互联网、数据库、企业系统等传统信息技术，到近几年的大数据、人工智能与区块链等新兴信息技术，已经成为企业不可或缺的工具与手段（Bharadwaj，2000；Ray等，2007）。为了研究信息技术推动跨组织治理数字化转型的具体过程，这里按照信息技术对企业跨组织治理所产生影响的大小，划分为传统信息技术与新兴信息技术。

其中传统信息技术并不会改变权力、关系与合同这三种传统的跨组织治理机制本身，而是在效率与能力两个方面对这三种机制产生影响（Tippins和Sohi，2003；Pavlou和El-Sawy，2006）。即信息技术软件与硬件（如信息系统、数据系统、网络设备等）可以有效提高企业实施跨组织治理的相关工作效率（Tanriverdi，2006；Wu等，2006），如制定与执行合同（合同机制）、为合作伙伴提供帮助支持（关系机制）、获取和累积更多有价值的信息（权力机制）等；而信息技术专业人员（即信息技术人件）可以为使用者提供支持、帮助与指导，从而提高他们的信息技术能力（Ray等，2007；陈建斌等，2010），如教导使用者更有效地使用数据库系统检索有价值的信息，提供更及时的硬件故障排除服务，从而提高使用者使用信息技术硬件的水平与效率。因此，"提升效率"与"构建能力"是传统信息技术推进跨组织治理机制数字化转型的两条重要路径。而在这个过程中，合作伙伴的机会主义已经成为企业不得不面临的情境因素，即企业需要在不同合作伙伴机会主义情景下，选择正确的信息技术来提高三种跨组织治理机制的效率与效果。因此这一情境因素也值得进一步研究。

相比而言，新兴信息技术将在一定程度上改变甚至构建新的跨组织治理机制，这主要体现在治理（合作）机制数字化与治理（合作）机制构建两个方面。其中前者指企业借助大数据技术来为企业跨组织治理与合作提供洞察数据规律与构建数字场景两个方面的支持，帮助企业在一定程度上数字化改造跨组织治理（合作）工作（Chen等，2012；Conboy等，2020；Wang等，2016；Vidgen等，2017）。治理（合作）机制构建主要基于区块链技术。具体而言，区块链技术的核心技术包括智能合约、加密技术、共识机制与分布式存储（Pournader等，2019）。这四种技术可以实现交易规则的制定并提供交易规则的保障（Eenmaa-Dimitrieva和Schmidt-Kessen，2019）。双方交易结束后，还能对交易结果进行确认（且不可篡改），从而为未来交易提供去信任化的基础（Kshetri，2017）。因此，基于区块链技术企业可以构建一种新型的跨组织治理机制，从而实现跨组织治理机制的数字化转型升级。

本专著整体研究框架如图 2-1 所示。

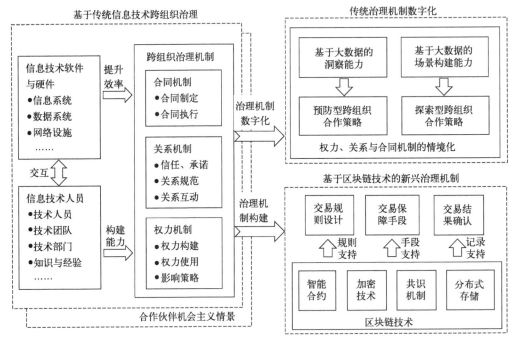

图 2-1　总体研究框架

参考文献

蔡恒进，郭震，2019. 供应链金融服务新型框架探讨：区块链＋大数据 [J]. 理论探讨 (2):94-101.

陈国青，曾大军，卫强，等，2020. 大数据环境下的决策范式转变与使能创新 [J]. 管理世界，36(2):95-105+211.

陈建斌，方德英，汪惠，2010. 企业 IT 能力系统动态演变的分析模型研究 [J]. 管理评论 (3):63-68.

贾建民，耿维，徐戈，等，2020. 大数据行为研究趋势：一个"时空关"的视角 [J]. 管理世界，36(2):106-116+211-212.

焦豪，邬爱其，张样，2008. 企业信息技术能力度量与功效——本土模型的构建和实证研究 [J]. 科学学研究，26(3):596-603.

李菲雅，蒋若凡，陈泽明，2017. 区块链＋产业链：商业银行小微金融业务发展趋势探究 [J]. 企业经济，36(10):178-184.

李晓，刘正刚，2017. 基于区块链技术的供应链智能治理机制 [J]. 中国流通经济，31(11):34-44.

刘业政，孙见山，姜元春，等，2020. 大数据的价值发现：4C 模型 [J]. 管理世界，36(2):129-138.

汪传雷，万一荻，秦琴，等，2017. 基于区块链的供应链物流信息生态圈模型 [J]. 情报理论与实践，40(7):115-121.

吴晓波，胡保亮，蔡荃，2006. 运用信息技术能力获取竞争优势的框架与路径研究 [J]. 科研管理 (5):53-58.

张嵩，黄立平，2003. 战略信息技术能力的内涵剖析 [J]. 情报杂志 (3):33-35.

庄贵军，席酉民，2004. 中国营销渠道中私人关系对渠道权力使用的影响 [J]. 管理科学学报，7(6):52-62.

庄贵军，周筱莲，周南，2006. 零售商与供应商之间依赖关系的实证研究 [J]. 商业经济与管理 (6):20-25.

庄贵军，徐文，周筱莲，2008. 关系营销导向对企业使用渠道权力的影响 [J]. 管理科学学报，11(3):114-124.

Aitzhan N Z, Svetinovic D, 2018. Security and privacy in decentralized energy trading through multi-signatures, blockchain and anonymous messaging streams[J]. IEEE Transactions on Dependable and Secure Computing, 15(5):840-852.

André Q, Carmon Z, Wertenbroch K, et al, 2018. Consumer choice and autonomy in the age of artificial intelligence and big data[J]. Customer Needs and Solutions, 5(1):28-37.

Babich V, Hilary G, 2019. Distributed ledgers and operations: What operations management researchers should know about blockchain technology[J]. Manufacturing & Service Operations Management, 22(2):223-428, C2.

Bharadwaj A S, 2000. A resource-based perspective on information technology capability and firm performance: An empirical investigation[J]. MIS Quarterly, 24(1):169-196.

Brown J R, Cobb A T, Lusch R F, 2006. The roles played by interorganizational contracts and justice in marketing channel relationships[J]. Journal of Business

Research, 59(2):166-175.

Castelo N, Ward A, 2016. Political affiliation moderates attitudes towards artificial intelligence[J]. ACR North American Advances.

Cavusgil S T, Deligonul S, Chun Z, 2004. Curbing foreign distributor opportunism: an examination of trust, contracts, and the legal environment in international channel relationships[J]. Journal of International Marketing, 12(2):7-27.

Chen C J, 2007. Information technology, organizational structure, and new product development: The mediating effect of cross-functional team interaction[J]. IEEE Transactions on Engineering Management, 54(4):687-698.

Chen H, Chiang R H L, Storey V C, 2012. Business intelligence and analytics: From big data to big impact[J]. MIS Quarterly, 36(4):1165-1188.

Conboy K, Mikalef P, Dennehy D, et al, 2020. Using business analytics to enhance dynamic capabilities in operations research: A case analysis and research agenda[J]. European Journal of Operational Research, 281(3):656-672.

Davenport T, Guha A, Grewal D, et al, 2020. How artificial intelligence will change the future of marketing[J]. Journal of the Academy of Marketing Science, 48(1):24-42.

Davenport T H, Ronanki R, 2018. Artificial intelligence for the real world[J]. Harvard Business Review, 96(1):108-116.

Makhdoom I, Abolhasan M, Abbas H, et al, 2019. Blockchain's adoption in IoT: The challenges, and a way forward[J]. Journal of Network and Computer Applications, 125(1):251-279.

Eenmaa-Dimitrieva H, Schmidt-Kessen M J, 2019. Creating markets in no-trust environments: The law and economics of smart contracts[J]. Computer Law & Security Review, 35(1):69-88.

Garcia-Torres S, 2019. Traceability for sustainability – literature review and conceptual framework[J]. Supply Chain Management: An International Journal, 24(1):85-106.

Gassenheimer J B, Ramsey R, 1994. The impact of dependence on dealer satisfaction: A comparison of reseller-supplier relationships[J]. Journal of Retailing, 70(3):253-266.

Gencturk E F, Aulakh P S, 2007. Norms- and control-based governance of international manufacturer-distributor relational exchanges[J]. Journal of International Marketing, 15(1):92-126.

Griffith D A, Harvey M G, Lusch R F, 2006. Social exchange in supply chain relationships: The resulting benefits of procedural and distributive justice[J]. Journal of Operations Management, 24(2):85-98.

Hsieh Y, Vergne J, Anderson P, et al, 2018. Bitcoin and the rise of decentralized autonomous organizations[J]. Journal of Organization Design, 7(1):14.

Huang M, Rust R T, 2018. Artificial intelligence in service[J]. Journal of Service Research, 21(2):155-172.

Kang J, Yu R, Huang X, et al, 2017. Enabling localized peer-to-peer electricity trading among plug-in hybrid electric vehicles using consortium blockchains[J]. IEEE Transactions on Industrial Informatics, 13(6):3154-3164.

Kaplan A, Haenlein M, 2019. Siri, Siri, in my hand: Who's the fairest in the land? On the interpretations, illustrations, and implications of artificial intelligence[J]. Business Horizons, 62(1):15-25.

Kshetri N, 2017. Can blockchain strengthen the Internet of Things?[J]. IT Professional, 19(4):68-72.

Li J J, Poppo L, Zhou K Z, 2010. Relational mechanisms, formal contracts, and local knowledge acquisition by international subsidiaries[J]. Strategic Management Journal, 31(4):349-370.

Liu Y, Luo Y, Liu T, 2009. Governing buyer-supplier relationships through transactional and relational mechanisms: Evidence from China[J]. Journal of Operations Management, 27(4):294-309.

Ness H, Haugland S A, 2005. The evolution of governance mechanisms and negotiation strategies in fixed-duration interfirm relationships[J]. Journal of Business Research, 58(9):1226-1239.

Pavlou P A, El-Sawy O A, 2006. From IT leveraging competence to competitive advantage in turbulent environments: The case of new product development[J]. Information Systems Research, 17(3):198-227.

Poppo L, Zhou K Z, Zenger T R, 2008. Examining the conditional limits of relational governance: Specialized assets, performance ambiguity, and long-standing ties[J]. Journal of Management Studies, 45(7):1195-1216.

Pournader M, Shi Y, Seuring S, et al, 2019. Blockchain applications in supply chains, transport and logistics: A systematic review of the literature[J]. International Journal of Production Research, 58(7):2063-2081.

Powell T C, Dent-Micallef A, 1997. Information technology as competitive advantage: The role of human, business, and technology resources[J]. Strategic Management Journal, 18(5):375-405.

Ray G, Muhanna W A, Barney J B, 2007. Competing with IT: The role of shared IT-business understanding[J]. Communications of the ACM, 50(12):87-91.

Reese B, 2018. The fourth age: Smart robots, conscious computers and the future of humanity[M]. New York: Atria Books.

Saberi S, Kouhizadeh M, Sarkis J, et al, 2019. Blockchain technology and its relationships to sustainable supply chain management[J]. International Journal of Production Research, 57(7):2117-2135.

Skinner S J, Donnelly J H, Ivancevich J M, 1987. Effects of transactional form on environmental linkages and power-dependence relations[J]. Academy of Management Journal, 30(3):577-588.

Tanriverdi H, 2006. Performance effects of information technology synergies in multibusiness firms[J]. MIS Quarterly, 30(1):57-77.

Tippins M J, Sohi R S, 2003. IT competency and firm performance: is organizational learning a missing link[J]. Strategic Management Journal, 24(8):745-761.

Vidgen R, Shaw S, Grant D B, 2017. Management challenges in creating value from business analytics[J]. European Journal of Operational Research, 261(2):626-639.

Wang C L, 2007. Guanxi vs relationship marketing: Exploring underlying differences[J]. Industrial Marketing Management, 36(1):81-86.

Wang G, Gunasekaran A, Ngai E W T, et al, 2016. Big data analytics in logistics and supply chain management: Certain investigations for research and applications[J]. International Journal of Production Economics, 176(June):98-110.

Wu F, Yeniyurt S, Kim D, et al, 2006. The impact of information technology on supply chain capabilities and firm performance: A resource-based view[J]. Industrial Marketing Management, 35(4):493-504.

Wuyts S, Geyskens I, 2005. The formation of buyer-supplier relationships: detailed contract drafting and close partner selection[J]. Journal of Marketing, 69(4):103-117.

Yang Z, Zhou C, Jiang L, 2011. When do formal control and trust matter? A context-based analysis of the effects on marketing channel relationships in China[J]. Industrial Marketing Management, 40(1):86-96.

Zhou K Z, Poppo L, 2010. Exchange hazards, relational reliability, and contracts in China: The contingent role of legal enforceability[J]. Journal of International Business Studies, 41(5):861-881.

Zhou K Z, Poppo L, Yang Z, 2008. Relational ties or customized contracts? An examination of alternative governance choices in China[J]. Journal of International Business Studies, 39(3):526-534.

Zhuang G, Zhou N, 2004. The relationship between power and dependence in marketing channels: a Chinese perspective[J]. European Journal of Marketing, 38(5/6):675-693.

3

跨组织合同治理的数字化：基于信息技术的完备合同制定与合同执行监督

3.1 研究背景与研究问题

3.1.1 跨组织合同治理的数字化

大多数公司在跨组织合作中都倾向于采用高效的合同治理，尤其是在动荡的市场中更是如此（Anderson 和 Dekker，2005；Kashyap 和 Murtha，2017）。一个具体且完善的合同可以很大程度上保护彼此的利益和权利（Banker 等，2006；Kashyap 和 Murtha，2017）。在执行合同时，有效的保障或约束措施又可以保护企业免受商业伙伴的机会主义行为（OP）的影响（Antia 和 Frazier，2001；Mooi 和 Gilliland，2013；Kashyap 和 Murtha，2017）。一般来说，事前的合同设计和事后的合同执行保障（即合同治理）效率对企业间的成功合作至关重要。

合同治理也受到供应链管理（Shou 等，2016；Song 和 He，2019；Yan 等，2019）和营销策略（Mooi 和 Gilliland，2013；Kashyap 和 Murtha，2017）领域研究者的广泛关注。在现有文献中，大量研究基于交易成本经济学（TCE）详细地探讨了企业间合同完备性的前因和后果（Banker 等，2006；Aulakh 和 Gençtürk，2008；Mooi 和 Ghosh，2010）。此外，还有一些研究者还考虑了事后合同管理的重要性，并调查了合同重新谈判、监督和约束的效果（Antia 和 Frazier，2001；Mooi 和 Gilliland，2013；Kashyap 和 Murtha，2017）。

总的来说，虽然以往的研究对理解如何通过合同有效地管理企业间合作和合作伙伴的行为很有帮助，但企业仍然面临着两难选择。具体来说，以往的研究已明确或隐含地表明有效的合同治理不可避免地会增加交易成本（Anderson 和 Dekker，2005；Mooi 和 Ghosh，2010；Mooi 和 Gilliland，2013）。也就是说，合同条款设计得越完备，对合同执行实施的监督或约束措施越多，相应所产生的交易成本就会越高。因此，管理者面临的一个实际难题是：如何在尽可能降低交易成本的同时实现更有效的合同治理？

近年来，越来越多的企业采用先进信息技术（IT）来实现二者的平衡。先进的信息技术功能丰富，能够减少合同设计和执行过程中产生的各种交易成本，提高合同治理的效率（Han 等，2017；Ilmudeen 和 Bao，

2018）。例如，在先进计算机系统上运行的专业数据库管理系统可以高效地存储和管理海量数据，从而节省收集和管理历史交易数据的成本，这些数据在起草具体合同条款或确定合同细节时至关重要（Bayraktar 等，2010）。先进网络设备与协作程序的结合可以作为数据传输的高速通道，从而降低交易伙伴之间的沟通和协调成本，有助于在双方制定合同阶段充分交换关于合同条款的各种想法，在合同执行期间也能便捷地进行数据共享（Barkhi 等，2006）。最后，专业企业系统将许多合同设计和执行的操作自动化（例如数据准备和实时监督），从而为管理者带来更多便利（Peng 等，2016；Neirotti 和 Raguseo，2017）。

3.1.2　研究问题及意义

目前虽然许多公司已经在合同治理中使用了信息技术，但研究者对信息技术如何影响合同条款设计与合同执行仍然缺乏探讨。因此，本研究第一个问题是：**先进信息技术如何提高合同完备性并保证合同执行？**

此外，上述主效应的边界调节需要进一步探讨。在本研究中，主要关注边界人员私人关系与公司合作导向的调节效应。因此，本研究的第二个问题是：**边界人员私人关系与企业合作导向如何权变地影响信息技术对合同完备性和合同执行保障的影响？**

为了回答这两个问题，本研究以 TCE 为理论基础，并借鉴信息系统、合同治理和关系相关研究成果。此外，由于合作伙伴机会主义会影响跨组织合作效率与稳定性，因此本研究将合作伙伴的机会主义作为合同治理的结果变量。

本研究对合同治理理论与研究做出了两大贡献。第一，虽然之前的研究广泛探讨了合同治理的前因，但是信息技术的作用很少受到关注。只有一项研究（Banker 等，2006）表明信息技术可以提高合同完备性，然而，该研究没有考虑事后的合同监督，也没有提供任何实证证据。本研究则探讨了信息技术如何提高合同治理的效率，并降低合同设计和执行的交易成本以遏制合作伙伴的机会主义，填补了合同治理文献中的一个空白。第二，信息技术对合同治理直接影响的边界缺乏研究。对此，本研究提出私人关系和合作导向都会对这一正向关系产生影响，因此能够完善"信息技术 - 合同治理"这一理论模型（见图 3-1）。

本章其余部分安排如下。第 2 节阐述了理论背景，论述了概念模型和相应的假设。第 3 节描述了数据收集过程与假设检验结果。最后，第 4 节介绍了本研究的主要发现、理论贡献、管理启示、研究局限和未来方向。

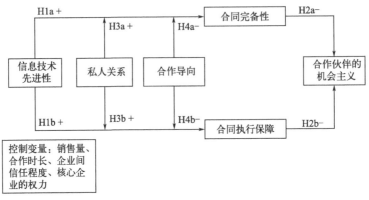

图 3-1　研究模型与假设

3.2　理论与假设

3.2.1　TCE 与合同治理

交易成本理论（TCE）认为，企业之所以需要跨组织治理机制是因为有限理性，以及合作伙伴的投机倾向（Williamson，1985）。作为一种正式的治理机制，合同是指受法律和法规保护的承诺或义务，这些承诺或义务约束缔约方，并指导他们在商定的期限内采取特定行动（Macneil，1978；Anderson 和 Dekker，2005）。一份足够完备的合同明确且细致地规定了角色和义务、监督程序、对违规行为的惩罚以及相应的后果，从而为缔约方提供了强有力的正式保障，以确保他们未来的利益和权利（Banker 等，2006；Kashyap 和 Murtha，2017）。

鉴于合同完备性的重要性，之前已有研究详细考察了影响因素对设计完备合同所产生的交易成本的作用，影响因素比如环境因素（Aulakh 和 Gençtürk，2008）、合作伙伴特征（Mooi 和 Ghosh，2010）、核心企业特征（Banker等，2006）和企业间关系特征（Mooi和Ghosh，2010）。例如，Aulakh和Gençtürk（2008）发现，由于调查、分析和预测成本巨大，市场波动会妨碍公司设计明确的合同，而东道国市场经验和产品标准化可以显著降低公司在国际贸易背景下的学习、协调和谈判成本，因而有利于形成更明确的合同。Mooi和Ghosh（2010）认为，买方锁定（专用资产投资）和交易复杂性的增加迫使公司设计更具体的合同条款来保护自己的投资和利益，哪怕会产生额外的谈判、协调和沟通成本。总体来说，一些已有研究含蓄或明确地表明，设计更完备的合同会增加交易成本，比如沟通和协调成本、数据准备成本和谈判成本。因此，如果影响因素可以降低签署完备合同的成本，企业会更有可能设计更具体的合同。

然而，一些研究者认为，设计详细完善的合同只是合同治理的第一步，事后合同管理与监督同样重要（Antia和Frazier，2001；Mooi和Gilliland，2013；Kashyap和Murtha，2017）。例如，Antia和Frazier（2001）认为，合同的有效性部分取决于合同约束，合同约束是指公司对合作伙伴违反合同义务的反应的强烈程度。他们开发了一个综合框架来反映渠道体系、二元因素和网络因素对合同约束的影响。最近的研究开始关注事前合同设计和事后合同管理两个方面。例如，Mooi和Gilliland（2013）研究了合同广泛性和合同约束之间的关系。Kashyap和Murtha（2017）调查了事前监督和约束条款的完备性对于事后监督对特许经营者合规性的影响的调节作用。

在本研究中，合同治理定义为合同完备性（事前合同设计）和合同执行保障（事后合同管理）。与之前的研究一致，合同完备性指的是合同条款设计的完整、广泛和明确程度（Wuyts和Geyskens，2005；Aulakh和Gençtürk，2008；Mooi和Ghosh，2010）。合同执行保障指的是保证合同正确，严格执行的途径、方法或机制，包括执行和监督（Mooi和Gilliland，2013；Kashyap和Murtha，2017）以及其他机制（如合同评估）的力度。

3.2.2 信息技术先进性对合同治理的影响

信息技术先进性指计算机硬件（例如最近发布的笔记本电脑和台式机、高级中央服务器、高速网络设备和互联网连接）和专业软件系统（例如企业级数据系统或管理系统，如Lotus Notes、SAP等）（Armstrong

和Sambamurthy，1999；Byrd和Turner，2000）在设计理念、制造工艺、产品功能与效率等方面相比之前版本的领先程度。一般而言，越是先进的软件、硬件系统发布日期越近，越是具有丰富和强大的功能，可以降低企业跨组织合同治理中产生的各种交易成本。

第一，先进的硬件（即新发布的CPU更快、内存和硬盘空间更大的计算机）以及专业数据库管理系统可以降低数据存储、操作和管理的成本（Bayraktar等，2010；Pérezlópez和Alegre，2012；Rasouli等，2016）。在设计合同时，这种先进硬件和专业系统可以为管理者提供大量的历史交易记录作为可靠的参考，帮助他们考虑尽可能多的细节和意外情况，以提高当前合同条款的完备性（Soibelman和Kim，2002）。在合同执行方面，由于先进硬件和专业系统可以提供关于之前业务合作的更精细、更详尽的数据，使得管理者可以建议更多地关注合同执行过程中的意外事件，并给出更好的选择和解决方案，从而增强执行保障。

第二，高速网络设备（例如1G带宽的无线路由器）可以降低数据传输的成本，这对端到端通信、数据访问和实时监督至关重要（Barkhi等，2006；Cheng等，2006；Kim等，2011）。相应地，在合同设计过程中，高速网络设备可以更快地传输海量数据和信息，方便管理者交换关于义务和权利的想法以及就特定条款进行讨论（Paulraj等，2008；Roberts和Grover，2012）。随着管理者之间的沟通和谈判变得更容易，就能用更少的时间和精力制定更完备的合同条款。此外，在合同执行期间，高速网络设备能实现实时监督（例如联网摄像头和位置跟踪）以确保合同的执行。

第三，专业软件系统具有许多功能，可以将合同条款设计和实时监督自动化，以降低运营成本（Peng等，2016；Neirotti和Raguseo，2017；Wang等，2017）。例如，Agiloft的合同和商务生命周期管理系统可以自动完成文档和数据收集过程。因此，公司可以轻松获得大量数据，以利于制定更清晰的合同条款。Ariba供应商管理系统可以定期将供应商数据与特定的合同条款进行比较，以检测异常事件或机会主义行为，并在发现后立即自动发出警报。公司可以通过此类系统检查合同执行状态，以提供更有力的保障来确保合同执行。

综上所述提出如下假设：

H1：先进信息技术可以提高（a）合同完备性和（b）合同执行保障。

3.2.3 合同完备性和合同执行保障对合作伙伴机会主义行为的影响

在一份完备的合同中，双方明确各自的目标和范围（Antia 和 Frazier，2001），详细规定各自的权利和义务（Wuyts 和 Geyskens，2005），并明确解决争议和共同事务决策的规则和条例（Poppo 和 Zenger，2002）。此外，如果企业合同执行保障能力较好，例如，拥有具体而详细的历史交易记录、高效的沟通和有效的合同执行监督，这些保障措施可以减少不确定性，并防止合作伙伴的机会主义行为。

综上所述，我们假设：

H2：（a）合同完备性和（b）合同执行保障都可以减少合作伙伴的机会主义行为。

3.2.4 私人关系的调节作用

边界人员是指公司中相对于其他个人而言更密切地参与公司间业务合作的个人（Cai 等，2017）。相互间私人关系更好的边界人员更可能互惠（Su 等，2009；Yen 等，2011）。具体来说，在设计和执行合同时，他们可能会更频繁地沟通，一旦出现分歧或冲突，能留出更多的公平妥协余地。在这些互动中，先进信息技术可以在许多方面发挥作用，例如，为明确规定合同条款准备更多数据，为解决合同细节争端提供更有效的沟通渠道，以及自动完成构建详细合同条款的很多操作。因此，更好的私人关系会加深先进信息技术对合同设计的影响。

相比之下，在合同执行中，先进的信息技术可以通过提供更有效的检查、评估和监督方法来确保合同的执行。然而，这些方法是僵化的，不带任何个人色彩，因而有可能导致交易伙伴之间的冲突。例如，先进的信息技术系统的实时监督可能会使交易伙伴感到不适。作为非正式沟通渠道，密切的私人关系鼓励边界人员更频繁地沟通和协调（Gu 等，2008；Zhang 和 Li，2010），进而促进互惠和彼此间的依赖（Qian 等，2016）。因此，作为商业活动的润滑剂，边界人员之间的私人关系可以减少先进信息技术系统带来的潜在压力，并增强先进信息技术和合同执行保障之间的正向关系。

综上所述提出如下假设：

H3：私人关系对于先进信息技术与（a）合同完备性和（b）合同执行保障之间的关系具有正向调节作用。

3.2.5 合作导向的调节作用

合作导向是指一家公司希望与另一家公司合作以实现共同目标的意愿度。具有高度合作导向的公司会对合作伙伴表现大度（Gundlach 等，1995；Yen 等，2011），并关注长期利益（Poppo 等，2008；Fu 等，2018）。因此，在设计合同时，这样的公司不太倾向于规定合同条款细节，以显示其诚意。同样，在执行合同时，也会降低合同监督的频率，不让合作伙伴有受监督的压力。因此，合同设计和执行所需的数据、信息、沟通和谈判更少，意味着先进信息技术不太可能削减这些活动的成本。换句话说，先进信息技术对合同完备性和合同执行监督的影响被公司的合作导向抵消了。

综上所述提出如下假设：

H4：合作导向对先进信息技术与（a）合同完备性和（b）合同执行保障之间的关系具有负向调节作用。

3.3 研究方法

3.3.1 样本和数据收集

本研究使用问卷调查来收集数据并检验假设。为了确保问卷的质量，正式调查前，研究者首先邀请两名专家与10名有相关经验的管理者对问卷共同进行了评审。具体来说，研究者邀请两位本领域专家来检验测量的准确性与完备性，然后邀请10名有跨组织管理经验的管理者对问卷进行评估，并反馈问卷设计和措辞的问题。根据他们的反馈和建议，研究者修改了问卷，并要求两位专家再次确认修改后的问卷。接下来，研究者邀请40名管理者对问卷进行了测试，通过他们对问卷进行了预测式研究并获得反馈。他们完成问卷平均所需时间为8分钟。总体来说，他们对问卷的反馈都比较正面，认为问卷容易理解且没有歧义。最后，研究者使用修订后的问卷进行了正式调查。

该调查由第一作者和两名研究助理于2016年7月至8月进行。具体而言，研究者从中国制造商协会的通讯录中随机选取了400家有供应链合作伙伴的制造商。这些选定的制造商中负责分销或供应商管理的管理者被选为受访者。在中国制造商协会的帮助下，研究者跟每个选定的管理者进行了正式的电话沟通，表示需要他们的帮助。在电话中，研究者简要介绍了调查目的，然后强调了调查的学术性，并承诺对他们的回答进行保密。为了鼓励他们参与，研究者还承诺如果问卷质量满足要求，就会得到40元奖励。对方同意后，将问卷链接发送给对方。

一个月内，研究者进行了两次提醒，最终收集了254份问卷（回复率为63.5%）。其中有38份在3分钟内完成或对大多数问题给出了同样的答案。剔除了这38份后，最终有效样本为216份（有效回复率为54%）。这些制造商分别来自常州、苏州、成都、广州和武汉。虽然数据是在2016年收集的，但鉴于在过去的二十年里，信息技术在企业中广泛应用，本研究涉及的问题仍然普遍存在，因此这些数据依然适用。

样本的描述性统计数据如表3-1所示。

表3-1 样本描述性统计

类别	子类别		百分比
行业	工业品	电子和电气	33.1%
		机械制造	25.3%
	消费品	小家电	31.4%
		食品	3.1%
		卫浴用品	6.8%
		服装	0.3%
所有制	公有制	国有企业	20.1%
		合资企业	22.7%
	非公有制	集体所有	16.9%
		私营	30.8%
		外商独资	9.5%
员工人数	中小企业	100人以下	20.3%
		100～499人	34.6%
	大型企业	500～999人	33.0%
		1000人以上	12.1%

下面首先检验是否存在无回应偏差。具体来说，研究者随机选择了 20 名拒绝填写问卷的管理者，并通过电话问了几个简单的问题，如他们的基本人口特征，并询问了他们对问卷中以下两个表述的看法："我们公司部署了最先进的 IT 设备"和"在和主要经销商打交道时，我们的合同明确规定了各方的角色"。t 检验发现，回应者与未回应者在这两个表述的看法上没有显著差异。此外，研究者还比较了回应者和未回应者的职位、任期和年龄，也没有发现显著差异。因此，该样本的无回应偏差并不显著。

3.3.2 变量测量

本研究使用多题项量表来测量信息技术架构先进性、边界人员之间的私人关系、企业的合作导向、合同完备性、合同执行保障和合作伙伴的机会主义这六个研究变量（题项详情见附录）。每个题项都是用五分制来衡量的，其中 1 分表示"强烈反对"，5 分是"极其赞同"。

具体而言，参考 Byrd 和 Turner（2000）和 Jean 等（2010）的研究，研究者设计 5 个题项来衡量 IT 设备、软件和系统的先进性，包括计算机和服务器、网络连接和软件以及公司层级系统，由此反映企业的信息技术架构先进性。参考 Lusch 和 Brown（1996）的研究，合同完备性通过 3 个题项来测量，分别测量多大程度上双方在合同条款中约定各自的角色、义务、权利及相应的具体措施。合同执行保障由 4 个题项进行测量，包括合同管理的成熟度、合同控制者的有效性和合同执行反馈的完备性这几个方面。参考 Gundlach 等（1995）的研究，设计了 5 个题项用于测量机会主义，参考 Peng 和 Luo（2000）和 Su 等（2009）的研究，设计了 3 个题项用于测量边界人员之间的私人关系。最后，严格按照合作导向的定义设计了 4 个题项来测量企业间的合作导向。

此外，本研究引入 4 个控制变量来解释变化的外源：公司销售额，其反映公司的竞争优势；合作期限，其可能会影响受访者对合作伙伴机会主义的看法；公司间信任，其可能会影响合同的制定和执行以及合作伙伴机会主义，并影响双方合同条款的完备性与合同执行的监督与调查行为；企业权力，其也会影响合作伙伴行为。

3.3.3 测量验证

本研究采用基于偏最小二乘法（PLS）的结构方程模型（SEM）进行测量验证。这是因为，PLS 可以将测量误差纳入测量模型，这点在标准回归模型中无法实现（Hair 等，2011；Peng 和 Lai，2012）。而且这种方法还可以很容易地计算调节效应，并能够使用合成型测量量表。这些都是基于协方差的 SEM（例如 AMOS、LISREL）很难实现（Hair 等，2011；Peng 和 Lai，2012）。最后，PLS 还能较好地处理小的样本与多重共线性问题（Hair 等，2011；Peng 和 Lai，2012）。

下面首先检查测量的聚敛效度、区分效度和信度。如表 3-2 所示，六个平均方差提取值（AVE）大于 0.50，表示聚敛效度满足要求（Gefen 等，2000）。AVE 的平方根超过了变量之间各自的相关性，表示区分效度可以接受。最后，六个变量的组合信度大于 0.7，表明测量在可接受范围内。

表3-2 平均值、标准偏差、AVE、CR和组间相关系数

变量	均值	AVE	CR	SD	变量间相关系数					
					ITADV	PR	COO	CCPT	CES	OP
ITADV	3.48	0.64	0.89	0.79	**0.80**					
PR	3.22	0.69	0.87	0.83	0.28[2]	**0.83**				
COO	3.62	0.50	0.79	0.61	0.31[2]	0.25[2]	**0.71**			
CCPT	3.92	0.55	0.78	0.74	0.38[3]	0.26[2]	0.49[3]	**0.74**		
CES	3.79	0.51	0.80	0.64	0.46[3]	0.28[2]	0.49[3]	0.70[3]	**0.72**	
OP	2.77	0.64	0.89	0.79	-0.01	0.07	-0.15[1]	-0.08	-0.14[1]	**0.80**

①~③表示双尾检验中 P 值分别小于 0.05、0.01、0.001。
注 1. 平均值和标准偏差基于每个结构的指标平均值。
2. 变量相关矩阵的对角线是 AVE 的平方根。

对于同源方差（CMV），本研究首先使用 Harman 单因素方法（Podsakoff 等，2003）。具体而言，所有核心结构的特征值都在 1 以上，解释了总方差的 73.28%。第一个结构解释了总方差的 25.03%。因此，CMV 不显著。接下来，本研究还采用共同潜在因素法来检测 CMV，结果没有发现显著差异。综上所述，测量的 CMV 在可接受范围内。

3.4 数据分析与结果

3.4.1 分析结果

下面 PLS 检验假设，结果见表 3-3。其中完整样本中，研究模型解释了 48% 的合同完备性变异、59% 的合同执行保障变异和 24% 的合作伙伴机会主义变异，表明假设模型适用于完整样本。

接下来，8 个假设中的 6 个得到了支持（如表 3-3 所示）。具体来说，先进信息技术对合同完备性（$\gamma=0.15$，SE=0.07）和合同执行保障（$\gamma=0.20$，SE=0.07）都有正向影响，表明 H1a 和 H1b 得到了支持。合同执行保障对合作伙伴的机会主义有负向影响（$\gamma=-0.16$，SE=0.08），而合同完备性没有显著影响（$\gamma=-0.08$，SE=0.11）。因此，结果支持 H2b，但否定了 H2a。

表3-3 结构模型的结果

项目	完整样本（N=216）		
	合同完备性（CCPT）	合同执行保障（CES）	合作伙伴机会主义（OP）
ITADV	0.15[②]（0.07）	0.20[③]（0.07）	
ITADV×PR	0.15[②]（0.07）	0.04（0.09）	
ITADV×COO	-0.12[①]（0.07）	-0.13[①]（0.07）	
CCPT			-0.08（0.11）
CEX			-0.16[②]（0.08）
控制变量			
销售量	0.24[④]（0.04）	0.00（0.09）	0.12[①]（0.07）
合作时长	0.00（0.04）	0.00（0.10）	-0.14[①]（0.08）
企业间信任程度	0.28[④]（0.05）	-0.01（0.08）	-0.19[③]（0.06）
企业权力	0.20[④]（0.05）	-0.02（0.08）	
CCPT		0.49[④]（0.06）	
R^2	0.48	0.59	0.24

①～④表示双尾检验中 P 值分别小于 0.1、0.05、0.01、0.001。

注 1.CCPT 是 CES 的控制变量，因为之前的研究表明，事前合同设计可以积极改善事后合同管理，例如 Kashyap 等（2012）。

2.括号内的数字表示标准误差，下同。

最后，边界人员之间的私人关系正向调节先进信息技术对合同完备性的影响（γ=0.15，SE=0.07），而没有调节先进信息技术对合同执行保障的影响（γ=0.04，SE=0.09），即支持 H3a 但否定了 H3b。合作导向对先进信息技术在合同完备性（γ=-0.12，SE=0.07）与合同执行保障（γ=-0.13，SE=0.07）方面的影响具有负向调节作用，即支持 H4a 和 H4b。为了更好地表示私人关系和合作导向的调节作用，在图 3-2 中进行了展示。

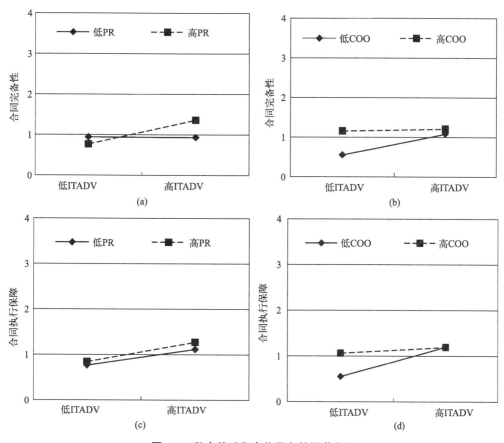

图 3-2　私人关系和合作导向的调节作用

为了检验从完整样本中得出的结果的稳健性，研究者使用子样本进一步检验了假设。具体来说，研究者将完整样本分为工业市场子样本（N=126）和消费市场子样本（N=90）。两个子样本的结果相似，并且与完整样本的结果相似。接下来,研究者将整个样本分为公有制子样本（$N=93$）和非公有制子样本（$N=123$）以及中小企业子样本（$N=119$）和大企业子样本（$N=97$）。两对子样本的结果相似,并且与完整样本的结果相似,但 H4b 在非公有制类子样本和中小企业子样本中被否定。这两个例外表明,合作导向对合同执行保障的调节作用取决于公有制程度和企业规模。

总的来说,虽然一个假设的结果在一些子样本中不稳定,但从完整样本中得出的其他结果在行业、所有制和企业规模的子样本中保持稳定,表明研究的普遍性是可接受的。

3.4.2 事后分析

对私人关系对先进信息技术和合同执行保障之间关系的调节作用的研究表明,对完整样本或其他子样本没有显著影响。为了进一步了解私人关系的影响,研究者根据私人关系的中位数（$PR_{median}=3.33$）将完整样本分为低（$N=102$）私人关系子样本和高（$N=79$）私人关系子样本,并使用分层多元回归来测试每个子样本中先进信息技术对合同执行保障的影响。如表 3-4 所示,只有在低私人关系子样本中,先进信息技术才促进合同执行保障。

表3-4　H3b低PR和高PR子样本的分层多元回归

	合同执行保障（CES）			
	低PR子样本（$N=102$）		高PR子样本（$N=79$）	
	模型1	模型2	模型3	模型4
ITADV		0.40④		0.11
控制变量				
销售量	0.33④	0.18②	0.14	0.15
合作时长	-0.02	0.03	-0.09	-0.10
企业间信任程度	0.30③	0.16①	0.26②	0.23②
企业权力	0.03	0.05	0.14	0.12
合作导向	0.14	0.08	0.17①	0.17①
Model F	13.31	16.91	5.02	4.45
R^2	0.32	0.42	0.16	0.17
ΔR^2		0.10		0.01

①~④表示双尾检验中 P 值分别小于 0.1、0.05、0.01、0.001。

这个结果背后的原因可能很复杂。一个可能的原因是，当私人关系疏离时，边界人员遵循"公事公办"的原则，专注于交换与任务相关的信息。这种情况下，先进信息技术可以发挥有效的作用，从而促进合同执行保障。然而，处于密切私人关系中的边界人员愿意互惠以及非正式的交流，从而绕过正式的信息技术系统，即在这种情况下，私人关系是替代先进信息技术效果的替代机制（如高私人关系子样本所示）。

3.5 讨论与结论

本研究借鉴了 TCE 和信息系统、合同治理和关系方面的文献，发现先进信息技术可以提高合同治理的效率。具体来说，在事前合同设计中，先进信息技术可以帮助管理者设计更完备的合同条款来涵盖尽可能多的意外情况，而在事后合同管理中，先进信息技术可以提供更多的保障来保证合同的执行。其次，本研究还表明，边界人员之间的私人关系可以加强先进信息技术对完备的合同条款设计的积极影响，而企业的合作导向可以抵消这种积极影响。相比之下，边界人员之间的私人关系并没有加强先进信息技术对合同执行保障的积极影响，合作导向抵消了这种积极影响。第三，本研究表明，合同执行保障可以减少合作伙伴的机会主义，而合同完备性不能。在下一节中，我们将更详细地讨论这些发现的含义。

3.5.1 理论贡献

首先，本研究加强了对信息技术对合同治理影响的理解，因而为合同治理研究作出贡献。具体来说，虽然已有研究广泛调查了影响合同治理的不同前因（Lusch 和 Brown, 1996; Wuyts 和 Geyskens, 2005; Aulakh 和 Gençtürk, 2008; Mooi 和 Ghosh, 2010），但很少有研究关注信息技术这一前置技术因素的影响。该研究通过证明信息技术可以提高合同完备性和执行保障，填补了这一空白。通过加快数据收集和交换，并提供一种简单的方法来管理操作流程，信息技术可以降低设计和执行合同的成本，并促进交易伙伴对合同的应用。这些结果通过添加前置技术因素丰富了合同治理研究。此外，还通过提供支持性的经验证据对交易成本理论作出了贡献。

其次，本研究通过分析私人关系和合作导向权变效应对合同治理研究作出贡献。具体而言，已有研究揭示了各种背景因素的相互影响，包括不对称承诺（Achrol 和 Gundlach，1999）、网络嵌入性（Wuyts 和 Geyskens，2005）和东道国不确定性（Aulakh 和 Gençtürk，2008）。相比而言，我们的实证结果表明私人关系（个人层面的因素）和合作导向（组织层面的因素）有不同的调节作用。

第三，之前有许多研究调查了合同对合作伙伴机会主义的影响，但得出了相互矛盾的结论（Achrol 和 Gundlach，1999；Wuyts 和 Geyskens，2005）。通过将合同治理划分为两个维度，本研究证明了合同完备性在减少合作伙伴机会主义是无效的，而合同执行保障是有效的。这些结果为关于合同作用的争论提供了一个合理的解释，也支持了之前的观点，即事前合同设计和事后合同执行都很重要（Antia 和 Frazier，2001；Mooi 和 Gilliland，2013；Kashyap 和 Murtha，2017）。

3.5.2　管理启示

本研究为 B2B 环境下企业间合作的合同治理提供了一些管理见解。

首先，通过部署先进信息技术（如新的计算机、服务器和网络路由器及程序）和系统（如 SAP），企业可以加强合同治理，减少合作伙伴的机会主义，从而提高企业间合作的绩效和稳定性。

其次，本研究的结果表明，仅有正式且完备的合同是不够的。在公司间合作中，合同执行保障在减少合作伙伴的机会主义方面发挥着更加重要的作用。因此，合同签订后，对合同的检查、监督和评估更加重要。

最后，为了加强信息技术的积极作用，企业可以利用边界人员之间的私人关系来改善现有 IT 设备、装置和系统对合同完备性的影响，而无须升级到新的设备、装置和系统。相反，当使用先进信息技术来改善合同治理时，企业应该意识到合作企业战略的抑制作用，并找到适当的方法来协调信息技术和企业合作导向之间的关系，以最大限度地减少合作导向的负面影响。

3.5.3 局限性和未来研究的方向

本研究虽然非常注重先进性，但仍然存在一定局限性。具体而言，在收集数据时，研究者使用主观测量方法来测量企业信息技术架构的先进性，这有可能会影响信息技术先进性的客观性。未来的研究应使用硬件和软件等客观指标来衡量先进信息技术，例如，CPU 的版本与频率、内存大小、互联网带宽或企业系统的版本号等。问卷可分为两部分：其中一部分是向 IT 部门的内部人士（如网络或系统管理员）提出的专业信息技术问题，以获得先进信息技术的客观测量；另一部分，我们使用了截面数据来检验假设，未来的研究应采用纵贯研究方法来进一步确认因果关系。最后，本研究结果也表明了企业间关系、跨组织治理（合作）的若干研究机会。

首先，本研究没有在模型中包含交易成本结构。先进信息技术对合同治理的交易成本影响值得在未来进行研究。其次，先进信息技术与私人关系的关系及其对合同治理的影响可能比较复杂，说明权变因素对信息技术效果的影响需要进一步考察。最后，本研究没有考虑相互依赖的影响。依赖在一定程度上会塑造信息技术与合同治理之间的关系，这可以作为未来研究的一个重点方向。

参考文献

Achrol R S, Gundlach G T, 1999. Legal and social safeguards against opportunism in exchange[J]. Journal of Retailing, 75(1):107-124.

Anderson S W, Dekker H C, 2005. Management control for market transactions: the relation between transaction characteristics, incomplete contract design, and subsequent performance[J]. Management Science, 51(12):1734-1752.

Antia K D, Frazier G L, 2001. The severity of contract enforcement in interfirm channel relationships[J]. Journal of Marketing, 65(4):67-81.

Armstrong C P, Sambamurthy V, 1999. Information technology assimilation in firms: The influence of senior leadership and IT infrastructures[J]. Information Systems Research, 10(4):304-327.

Aulakh P S, Gençtürk F E, 2008. Contract formalization and governance of exporter-importer relationships[J]. Journal of Management Studies, 45(3):457-479.

Banker R D, Kalvenes J, Patterson R A, 2006. Research note-information technology, contract completeness, and buyer-supplier relationships[J]. Information Systems Research, 17(2):180-193.

Barkhi R, Amiri A, James T L, 2006. A study of communication and coordination in collaborative software development[J]. Journal of Global Information Technology Management, 9(1):44-61.

Bayraktar E, Gunasekaran A, Koh S C L, et al, 2010. An efficiency comparison of supply chain management and information systems practices: a study of Turkish and Bulgarian small- and medium-sized enterprises in food products and beverages[J]. International Journal of Production Research, 48(2):425-451.

Byrd T A, Turner D E, 2000. Measuring the flexibility of information technology infrastructure: exploratory analysis of a construct[J]. Journal of Management Information Systems, 17(1):167-208.

Cai S, Jun M, Yang Z, 2017. The effects of boundary spanners' personal relationships on interfirm collaboration and conflict: a study of the role of guanxi in China[J]. Journal of Supply Chain Management, 53(3):19-40.

Cheng E W L, Love P E D, Standing C, et al, 2006. Intention to E-collaborate: propagation of research propositions[J]. Industrial Management & Data Systems, 106(1):139-152.

Fu S, Li Z, Wang B, et al, 2018. Cooperative behavior between companies and contract farmers in Chinese agricultural supply chains: relational antecedents and consequences[J]. Industrial Management & Data Systems, 118(5):1033-1051.

Gefen D, Straub D W, Boudreau M C, 2000. Structural equation modeling and regression: guidelines for research practice[J]. Communications of the Association for Information Systems, 4(7):1-77.

Gu F F, Hung K, Tse D K, 2008. When does guanxi matter? Issues of capitalization and its dark sides[J]. Journal of Marketing, 72(4):12-28.

Gundlach G T, Achrol R S, Mentzer J T, 1995. The structure of commitment in exchange[J]. Journal of Marketing, 59(1):78-92.

Hair J F, Ringle C M, Sarstedt M, 2011. PLS-SEM: Indeed a silver bullet[J]. Journal of Marketing Theory and Practice, 19(2):139-152.

Han J H, Wang Y, Naim M, 2017. Reconceptualization of information technology flexibility for supply chain management: An empirical study[J]. International Journal of Production Economics, 187:196-215.

Ilmudeen A, Bao Y, 2018. Mediating role of managing information technology and its impact on firm performance: Insight from China[J]. Industrial Management & Data Systems, 118(4):912-929.

Kashyap V, Murtha B R, 2017. The joint effects of ex ante contractual completeness and ex post governance on compliance in franchised marketing channels[J]. Journal of Marketing, 81(3):130-153.

Kim K, Ryoo S, Jung M, 2011. Inter-organizational information systems visibility in buyer–supplier relationships: the case of telecommunication equipment component manufacturing industry[J]. Omega, 39(6):667-676.

Lusch R F, Brown J R, 1996. Interdependency, contracting, and relational behavior in marketing channels[J]. Journal of Marketing, 60(4):19-38.

Macneil I R, 1978. Contracts: adjustment of long-term economic relations under classical, neoclassical and relational contract law[J]. Northwestern University Law Review, 72:854–905.

Mooi E A, Ghosh M, 2010. Contract specificity and its performance implications[J]. Journal of Marketing, 74(2):105-120.

Mooi E A, Gilliland D I, 2013. How contracts and enforcement explain transaction outcomes[J]. International Journal of Research in Marketing, 30(4):395-405.

Neirotti P, Raguseo E, 2017. On the contingent value of IT-based capabilities for the competitive advantage of SMEs: Mechanisms and empirical evidence[J]. Information & Management, 54(2):139-153.

Pérezlópez S, Alegre J, 2012. Information technology competency, knowledge processes and firm performance[J]. Industrial Management & Data Systems, 112(4):644-662.

Paulraj A, Lado A A, Chen I J, 2008. Inter-organizational communication as a relational competency: Antecedents and performance outcomes in collaborative buyer–supplier relationships[J]. Journal of Operations Management, 26(1):45-64.

Peng D X, Lai F, 2012. Using partial least squares in operations management research: A practical guideline and summary of past research[J]. Journal of Operations Management, 30(6):467-480.

Peng J, Quan J, Zhang G, et al, 2016. Mediation effect of business process and supply chain management capabilities on the impact of IT on firm performance: Evidence from Chinese firms[J]. International Journal of Information Management, 36(1):89-96.

Podsakoff P M, Mackenzie S B, Lee J Y Y, et al, 2003. Common method bias in behavioral research: a critical review of the literature and recommended remedies[J]. Journal of Applied Psychology, 88(5):879-903.

Poppo L, Zenger T, 2002. Do formal contracts and relational governance function as substitutes or complements?[J]. Strategic Management Journal, 23(8):707-725.

Poppo L, Zhou K Z, Zenger T R, 2008. Examining the conditional limits of relational governance: specialized assets, performance ambiguity, and long-standing ties[J]. Journal of Management Studies, 45(7):1195-1216.

Qian L, 2016. Does guanxi in China always produce value? the contingency effects of contract enforcement and market turbulence[J]. Journal of Business & Industrial Marketing, 31(7):861-876.

Qian L, Yang P, Li Y, 2016. Does guanxi in China always produce value? the contingency effects of contract enforcement and market turbulence[J]. Journal of Business & Industrial Marketing, 31(7):861-876.

Rasouli M R, Trienekens J J M, Kusters R J, et al, 2016. Information governance requirements in dynamic business networking[J]. Industrial Management & Data Systems, 116(7):1356-1379.

Roberts N, Grover V, 2012. Leveraging information technology infrastructure to facilitate a firm's customer agility and competitive activity: an empirical investigation[J]. Journal of Management Information Systems, 28(4):231-270.

Shou Z, Zheng X, Zhu W, 2016. Contract ineffectiveness in emerging markets: An institutional theory perspective[J]. Journal of Operations Management, 46(1):38-54.

Soibelman L, Kim H, 2002. Data preparation process for construction knowledge generation through knowledge discovery in databases[J]. Journal of Computing in Civil Engineering, 16(1):39-48.

Song Z, He S, 2019. Contract coordination of new fresh produce three-layer supply chain[J]. Industrial Management & Data Systems, 119(1):148-169.

Su C, Yang Z, Zhuang G, et al, 2009. Interpersonal influence as an alternative channel communication behavior in emerging markets: The case of China[J]. Journal of International Business Studies, 40(4):668-689.

Wang F, Zhao J, Chi M, et al, 2017. Collaborative innovation capability in IT-enabled inter-firm collaboration[J]. Industrial Management & Data Systems, 117(10):2364-2380.

Williamson, O. E, 1985. The economic institutions of capitalism[M], New York: Free Press.

Wuyts S, Geyskens I, 2005. The formation of buyer–supplier relationships: detailed contract drafting and close partner selection[J]. Journal of Marketing, 69(4):103-117.

Yan B, Chen X, Liu Y, et al, 2019. Replenishment decision and coordination contract in cluster supply chain[J]. Industrial Management & Data Systems, 119(6):1374-1399.

Yen D A, Barnes B R, Wang C L, 2011. The measurement of guanxi: Introducing the

GRX scale[J]. Industrial Marketing Management, 40(1):97-108.

Zhang Y, Li H, 2010. Innovation search of new ventures in a technology cluster: the role of ties with service intermediaries[J]. Strategic Management Journal, 31(1):88-109.

附录：测量量表

1.核心变量

（1）信息技术先进性（ITADV）

ITADV1 我们公司部署了最先进的IT设备。（因子载荷：0.75；SE：0.03）

ITADV2 我们公司每年都在新的IT设备（如台式机、笔记本电脑、服务器、路由器、互联网连接等）上投入巨资。（因子载荷：0.78；SE：0.03）

ITADV3 我们公司的网络速度和通信程序令人满意。（因子载荷：0.75；SE：0.04）

ITADV4 我们有最新推出的专业软件和企业系统（如ERP、SAP、Lotus Notes）。（因子载荷：0.88；SE：0.02）

ITADV5 我们公司的软件系统总是及时升级。（因子载荷：0.82；SE：0.03）

（2）合同完备性（CCPT）

CCPT1 在与主要经销商打交道时，我们的合同明确规定了各方的角色。（因子载荷：0.76；SE：0.02）

CCPT2 在与主要经销商打交道时，我们的合同明确规定了各方的责任。（因子载荷：0.80；SE：0.02）

CCPT3 在与主要经销商打交道时，我们的合同明确规定了各方应如何履约。（因子载荷：0.66；SE：0.04）

（3）合同执行保障（CES）

CES1 我们公司有完善的合同保障机制。（因子载荷：0.71；SE：0.04）

CES2 为了确保合同的执行，我们建立了合同保障体系。（因子载荷：0.72；SE：0.03）

CES3 我们会评估已经执行的合同。（因子载荷：0.75；SE：0.03）

CES4 在合同执行期间，我们公司会不时检查合同的执行情况。（因子载荷：0.67；SE：0.03）

（4）合作伙伴的机会主义行为（OP）

OP1 经销商夸大需求以获得他们想要的。（因子载荷：0.84；SE：0.03）

OP2 经销商有时不真诚。（因子载荷：0.84；SE：0.03）

OP3 经销商捏造事实以获得他们想要的。（因子载荷：0.83；SE：0.04）

OP4 诚信议价不是经销商的谈判风格。（因子载荷：0.83；SE：0.04）

OP5 经销商为了自己的利益违反正式或非正式协议。(因子载荷：0.74；SE：0.03)

（5）私人关系（PR）

PR1 我们与该经销商的采购经理有着良好的私人关系。(因子载荷：0.85；SE：0.03)

PR2 我们有朋友与这家经销商采购经理相熟。(因子载荷：0.84；SE：0.02)

PR3 我们的渠道经理与该经销商的采购经理有着良好的私人关系。
(因子载荷：0.81；SE：0.03)

（6）合作导向（COO）

COO1 我们的公司和经销商都关心彼此的利益。(因子载荷：0.65；SE：0.05)

COO2 在与经销商谈判时，我们不会摆出强硬的姿态。(因子载荷：0.73；SE：0.06)

COO3 我们公司和我们的经销商都不会太精打细算。(因子载荷：0.61；SE：0.06)

COO4 为了合作，我们双方都愿意作出一些改变。(因子载荷：0.81；SE：0.05)

2.控制变量

（1）企业间信任程度（InterTrst）

InterTrst1 我们公司和我们的商业伙伴互不信任。*（反向编码，因子载荷：0.77；SE：0.06）

InterTrst2 我们公司和我们的商业伙伴相互依赖。(因子载荷：0.74；SE：0.06)

（2）核心企业权力（POW）

POW1 如果我们希望我们的商业伙伴增加（或减少）对我们产品或服务的采购量，他们会在多大程度上这样做？(因子载荷：0.79；SE：0.06)

POW2 如果我们希望我们的商业伙伴改变他们的促销理念，他们会在多大程度上作出改变？(因子载荷：0.76；SE：0.05)

（3）企业信息

① 贵公司所属业务领域：

（a）电子和电气

（b）机械制造

（c）小家电

（d）食品

（e）卫浴用品

（f）服装

② 贵公司的所有制是：

（a）国有

(b)合资企业

(c)集体所有

(d)私营

(e)外商独资

③贵公司有多少员工?

(a)100人以下

(b)100～499人

(c)500～999人

(d)1000人以上

④贵公司与您之前选择的合作伙伴合作了多少年?

(a)1年以下

(b)1～3年

(c)3～5年

(d)5年以上

⑤贵公司的所在地是：

(4)人口统计信息

①您在公司工作多少年了?

(a)1年以下

(b)1～3年

(c)3～5年

(d)5年以上

②您的年龄?

(a)18～24岁

(b)25～30岁

(c)31～35岁

(d)36～40岁

(e)41～50岁

(f)51岁以上

③您的职位?

(a)基层管理者

(b)中级管理者

(c)高级管理者

4

跨组织关系与合同治理的数字化：IT 基础设施与 IT 人员的综合影响

4.1 研究背景与研究问题

4.1.1 研究背景

信息技术在提高跨组织管理的效率，缩短运营周期，降低自然资源支出等方面发挥着越来越重要的作用。例如，先进的计算机系统可以自动处理、存储和分析与供应链、战略联盟等跨组织联合体运行状态相关的数据和信息。相比在过去，这些数据和信息必须手动收集、存储和管理。先进的即时通信系统（例如 Lotus Notes 公司的 Sametime、阿里巴巴公司的钉钉）可以提高供应链上合作伙伴之间沟通和协调的效率和有效性。先进的跨网络系统或平台（例如 SAP 公司的 S/4HANA Cloud 私有云系统）可以自动化执行供应链管理中的许多业务操作，从而减少供应链管理所需的时间、精力和资金。在实际中，沃尔玛公司开发了一套名为"协同预测和补货（CFAR）"的信息系统。该系统将公司与其供应商的系统联结起来，通过该系统沃尔玛和它的供应商能够有效地跟踪订单、包装、库存和付款的状态，从而实时掌握订货流、物流、资金流、信息流的状态。

信息系统和供应链管理领域的研究者已经深入探讨并发现信息技术可以有效提高供应链的整合、协调或协作效果（Kim 等，2013；Wang 等，2014；Chang 等，2015）。然而，这两个领域的研究者却对供应链中跨组织治理缺乏关注。具体地说，由于信息不对称、有限理性的存在，以及跨组织关系中企业均为独立的法律实体，因此供应链上的企业会有各自的利益诉求与目的，这导致合作伙伴的机会主义行为在供应链中是不可避免的（Wathne 和 Heide，2000；Jap 和 Anderson，2003；Cavusgil 等，2004；Luo，2006）。而如果合作伙伴的机会主义行为得不到有效的控制，将导致供应链运行周期的延长，资源耗费的加剧，从而降低绿色供应链管理的运行效率。因此，企业能否有效地降低合作伙伴的机会主义对供应链管理具有重要意义（Deverell 等，2009；Zhou 和 Xu，2012；Chiu 和 Hsieh，2016）。

在以往研究中，营销战略与跨组织营销领域的研究者曾经细致地探讨过两种降低合作伙伴机会主义的基本治理机制：关系规范和正式合同（Zhou 等，2008；Zhou 和 Poppo，2010；Zhou 和 Xu，2012）。关系规范指在跨组织关系中，一方通过非强制性的社会规范或文化因素来抑制另一方机会主义的方式，是一种社会约束系统。相对而言，正式合同是指在跨组织关系中，一方通过具有强制性的法律法规来抑制另一方机会主义的方式，这种机制建立在具有法律约束力的制度基础之上（Liu 等，2017）。尽管关系规范和正式合同这两种治理机制（以及它们之间的相互作用）已经被之前研究深入地探讨过（Zhou 等，2008；Zhou 和 Poppo，2010；Zhou 和 Xu，2012），但并未有研究探讨信息技术如何影响关系治理和合同治理机制，以及对合作伙伴机会主义的影响。

4.1.2 研究问题与研究意义

本研究主要针对以下问题展开：企业信息技术资源如何影响其关系治理与合同治理机制的效果，以及如何降低合作伙伴机会主义的。

针对上述问题的研究可以为信息系统、供应链管理以及跨组织治理研究作出两方面贡献。

首先，如上所述，信息系统和供应链管理研究都忽略了信息技术对供应链管理中关系治理和合同治理的影响。此外，IT 资源影响关系治理和合同治理的具体过程仍然不清楚。针对于此，本研究将提出一个理论模型来探讨这一具体过程和相应的结果，从而填补这一空白。具体而言，本研究将探讨不同种类信息技术资源如何影响关系规范与正式合同治理机制，以及如何抑制合作伙伴机会主义。因此，本研究通过将关系治理与合同治理机制引入信息系统和供应链管理研究，从而有效拓展这两个领域的研究。

其次，本研究是对跨组织治理研究的有效补充。具体地说，以往的跨组织治理研究主要关注关系治理和合同治理及其相互作用，很少有研究考察 IT 资源对这两种治理的影响。虽然 Jean 等（2010）对 IT 在关系机制当中的作用进行了研究，但他们的研究并未同时关注合同治理机制。相比而言，本研究则同时探讨 IT 资源对关系治理和合同治理机制的影响以及对合作伙伴机会主义的影响。相关研究发现将进一步深化跨组织治理研究。

与此同时，在实践方面，本研究也有助于企业利用 IT 资源提升供应链等跨组织管理的绩效。具体而言，对于一个企业来说，一条高效和有效的供应链是其竞争优势的重要来源（Spralls 等，2011；Lu 等，2018）。而且一旦企业在这方面获得竞争优势，那么这种竞争优势将能持续相当长时间（这种竞争优势很难被其他企业复制）。因此，本研究的结论将有助于企业改善其跨组织治理机制的效率与效果，从而降低合作伙伴机会主义。与此同时，通过本研究，企业还能对两种不同类型 IT 资源的作用和意义有所了解，从而帮助企业有针对性地制定或调整其 IT 战略或 IT 方面的投资。

4.2 理论与假设

4.2.1 关系治理与合同治理的数字化

关系治理理论认为，企业之间的合作可以由人与人之间社会交往所遵从的关系规范来控制或协调（Poppo 和 Zenger，2002）。这些规范包括灵活性（Gencturk 和 Aulakh，2007）、团结（Lusch 和 Brown，1996）、信息交换（Lusch 和 Brown，1996）、信任（Stephen 和 Coote，2007）、承诺（Stephen 和 Coote，2007）和相互性（Cannon 等，2000）。然而 Zhuang 等（2010）提出，关系规范是无形的，需要特定的关系互动行为作为载体，而只有行为是可见的和可判断的。也就是说，关系规范是隐含在供应链企业之间的关系行为中发挥作用的。在本研究中，这种特定关系的互动行为将直接影响合作伙伴的机会主义。基于这一观点，本研究中关系治理特指双方之间基于关系规范的联合行为。具体而言，基于关系规范的联合行为主要表现为双方事前的共同制订计划和事后的共同解决问题（Zhuang 等，2010；Zhou 等，2015）。

合同治理理论认为，合同条款受到国家法律制度保护，具有强制约束力，因此可以成为控制合作伙伴机会主义行为的有效手段。合同条款可以规定双方的权利与义务，以及商业合作的过程和程序（Reuer 和 Ariño、2007）。如果一方违反合同条款则另一方可以依法提起诉讼，从而保护自己的权益。然而，由于人的有限理性，导致对于未来交换的产品（或服务）的情况无法完全预知，因此设计能覆盖所有可能情况的合同条款是不可行的（Hart 和 Moore，1999）。也就是说，没有一份合同是完备的，哪怕合同条款再明确，也不能描述未来可能发生的所有情况、情况和意外事件（Hart 和 Moore，1999）。因此，双方在制定合同时应纳入意外情况条款，以弥补明确常规合同条款的局限性。具体而言，意外情况是指在合同执行过程中发生的、明确常规合同条款没有涵盖的其他事项。其中，处理意外情况的条款是应对此类突发事件和不可预见的情况和问题的一些原则或方法。总而言之，双方制定合同时不但要考虑明确常规合同条款，还要考虑设计处理意外情况的条款。根据上述论述，在本研究中，合同治理指企业在多大程度上能制定足够清晰明确的常规条款，以及足够多处理意外情况的条款。

关系治理和合同治理都包括两个合作伙伴之间的各种互动，例如，联合规划、联合解决问题以及明确的和意外情况下合同条款的起草。从交易成本和代理成本的角度来看，上述互动会产生多种成本。具体来说，第一种是为两家公司之间为合作准备数据和信息所花费的成本。例如，在联合规划期间，未来的生产计划将基于以前的销售数据、原材料价格、竞争对手的动向等。如果公司希望准备足够充分的这些数据和信息，则需要花费更多的时间、精力和资源（即成本）。第二种是两个公司之间的沟通和协调成本。例如，在制定意外情况条款时，双方需要细致地讨论和预测未来可能遇到的各种情况，明确在出现突发事件时各方的具体义务和权利，以及处理突发事件的方案。这意味着，企业需要投入大量的时间、精力和资源（成本）进行沟通和协调。

不过近年来，随着信息技术的快速发展，信息技术作为一种有效的手段和工具，在降低代理和交易成本（即数据和信息准备成本以及通信和协调成本）方面发挥了不可或缺的作用（Subramani，2004；Kim 和 Mahoney，2006；Boulay，2010；Jean 等，2010；Sinkovics 等，2011）。具体而言，IT 资源由基础设施资源和人力资源组成（Bharadwaj，2000；Melville 等，2004）。一方面，先进的 IT 基础设施资源（例如最近发布的计算机、服务器、网络设备以及专业软件和系统）在处理数据、传输信息方面具有高速和专业的优势，这将减少双方在数据和信息准备方面以及沟通协调方面花费的时间、精力和成本。另一方面，经验丰富、知识渊博的 IT 技术人员将及时、准确地为用户提供有关计算机、网络设备、软件和系统等技术支持与技术解决方案，从而提高用户使用 IT 设备、设施软件与系统（即 IT 资源）的能力，由此提高企业跨组织关系治理和合同治理的效率与效果。

综上所述，从代理成本和交易成本的角度来看，先进的 IT 设备、软件和系统可以提高跨组织关系治理和合同治理的效率和有效性。经验丰富的 IT 人力资源提供的技术支持将提高 IT 资源对跨组织关系治理和合同治理的积极影响。而根据跨组织治理文献，有效的关系治理和合同治理可以降低合作伙伴的机会主义行为。本研究理论框架如图 4-1 所示。

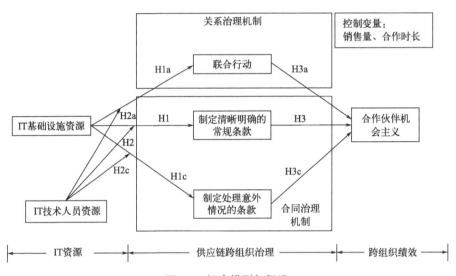

图 4-1　概念模型与假设

4.2.2　IT 基础设施资源的直接影响

IT 基础设施资源是企业 IT 资源的各种硬件与软件，前者包括笔记本电脑、服务器、网络设备等，后者包括数据库管理系统和 SAP 系统等（Bhardwaj，2000；Melville 等，2004）。

首先，先进的计算机硬件系统的价值主要体现在信息处理和数据操作的速度和性能上。例如，相比于早期发布的计算机硬件系统，近期发布的系统配有更为强大的 CPU、更大的内存和硬盘以及更快的系统频率，因而能够更有效地处理数据，以及更快速地存储、索引、检索和过滤信息。基于此，用户可以更便捷地进行数据与信息的比较，以及更有效地实施计算并分析数据。因此，先进的计算机硬件系统能降低企业在处理信息和准备数据所产生的成本（Chen 等，2015）。

其次，先进网络设备（如无线路由器）的价值主要体现在其提供了更方便、更快捷的端到端网络连接上。例如，过去无线路由器的带宽不超过 300Mbit/s，而最新款的路由器的带宽将超过 1000Mbit/s。如此一来，企业如果采用新款网络设备，就可以在供应链上实现企业间实时同步与协调，以及即时数据交换和信息共享。此外，这种网络设备结合数据库管理系统或者跨组织协同系统，就可以实现企业间实时沟通与交流，例如随时交流想法、进行讨论或谈判、发送通知或协调工作进度等。综上所述，先进的网络设备将有助于降低跨组织通信和协商的成本。

再次，相比于免费或试用版的软件，付费版或高级版的软件将解锁更为先进的信息和数据交换，以及数据操作功能（Krishna 等，2005）。例如在基于互联网的 SAP 上，用户可以通过该平台自动收集、合并、分析信息和数据，高效执行合同中指定的任务，必要时方便地协调和沟通。因此，通过使用这种专业系统，供应链合作伙伴进行实时交互并同步其工作进度将更加可行。因此，专业系统可以减少数据准备、跨组织通信和协调所产生的费用。

综上所述，如果一家公司拥有先进的计算机和网络设备，以及足够专业的软件和系统，那么就能有效降低获取和准备数据和信息的成本，降低跨组织沟通和协调成本（Paulraj 等，2008 年）。这意味着，在基于关系的联合行动（即本研究中的关系治理）中，如果企业具有高效的沟通和协调能力，那么就能更容易地获取所需的数据，或者准备更丰富的信息。基于此，双方在共同制订计划时将更加高效，从而能有时间和精力制定更为明确的常规合同条款，并更细致地探讨处理意外情况的合同条款。而且在执行计划时，如果出现问题，也会由于获取相关信息容易、沟通协调便利而更容易解决出现的问题（Chang 等，2015；Lee 和 Scott，2015）。

另一方面，在制定明确常规合同条款与处理意外情况条款时，高效沟通与协调能力可以帮助企业更为便捷地交换意见，讨论彼此职责和权利，尽可能全面地设想各种突发事件，从而提高常规合同条款的明确程度以及覆盖面更广的处理意外情况条款。而且，通过信息技术能更容易地准备好数据和信息，从而及时发现双方忽视的空白。由此一来，双方对合同条款的分析、讨论和谈判就可能进一步深入。明确条款将更加具体和全面，处理意外情况的条款可以涵盖更多的事项。

通过上述分析，提出以下假设：

H1：企业先进的 IT 基础设施资源可以（a）改善双方的联合行动，（b）制定常规合同条款的清晰与明确程度，以及（c）制定更有覆盖面的意外情况条款。

4.2.3　IT 技术人员资源的调节效应

如上所述，企业可以通过部署先进的 IT 基础设施来降低代理和交易成本，并改善网络外部性（Erkut，2018b）。通过这种经济类机制，企业能提高跨组织关系管理和运营效率，提高新产品开发和创新的效率和有效性，从而为企业带来更大的竞争优势，甚至创造一个新的市场（Erkut，2018a）。然而，大多数 IT 基础设施资源，尤其是数据库管理系统和 SAP，都是专业性系统。用户必须花费大量的时间和精力来学习如何在工作中有效地使用它们。因此，用户需要信息技术专业人员来提供相关技术指导和支持。这种专业人员就是企业的 IT 技术人员资源（Bharadwaj，2000；Melville 等，2004），如计算机网络管理员、软件和系统维护员、SAP/ERP 开发和协作平台开发人员等。换言之，IT 技术人员资源是普通用户有效利用 IT 基础设施资源的基础或纽带，连接普通用户与信息技术。

具体来说，对于负责供应链管理的普通用户来说，IT 技术人员资源的价值体现在 IT 技术人员所能提供的技术支持上与帮助上。在技术接受模型中，研究者认为 IT 基础设施对企业运营效率的有效性会受到 IT 基础设施的有用性和易用性的影响（Legris 等，2003；Venkatesh 等，2003）。首先，如果 IT 技术人员提供更多与 IT 相关的培训，定期向普通用户传授 IT 知识、技能或技术，那么这些普通用户将认识到计算机、网络设备和 SAP 系统的更多有用性（Venkatesh 等，2003）。因而，普通用户会更愿意使用信息系统与合作伙伴进行沟通或协作。这意味着 IT 基础设施资源与联合行动之间的关系，以及制定清晰明确合同条款和制定处理意外情况条款之间的关系，将被 IT 技术人员资源强化。

其次，如果计算机、网络设备和 SAP 系统发生故障，普通用户需要及时专业的故障排除服务，这样才能保证普通用户的正确与顺利地使用这些系统。而如果 IT 技术人员能够在用户遇到技术问题或困难时提供及时可靠的技术指导和支持，那么这些用户将会认为 IT 设备和软件及系统易于使用（Venkatesh 等，2003），因而更愿意使用计算机、网络设备和 SAP 系统来与合作伙伴进行沟通和协调。这表明，通过有效的技术指导和帮助，IT 基础设施对联合行动、制定清晰明确合同条款和制定处理意外情况条款的影响将被 IT 技术人员资源加强。

综上所述，本研究提出以下假设：

H2：IT 技术人员资源将正向加强 IT 技术设施资源对（a）联合行动、（b）制定明确常规合同条款和（c）制定处理意外情况条款的正向影响。

4.2.4 关系治理与合同治理对合作伙伴机会主义的抑制作用

为了共同的目标，双方可以通过共同工作建立更好的关系（Zhuang 等，2010；Zhou 等，2015）。一方面，在共同制订计划环节，双方凭借出色的沟通和协调能力（借助 IT 资源），将准确有效地了解对方的需求和意图。计划制订后，双方将明确各自的责任、义务和权利（Metcalf 等，1992）。如此一来，双方未来的收益和损失会比以往更加清晰和明确（Joshi 和 Campbell，2003），这就给双方带来了未来的确定性，有助于双方建立互信、提高关系亲密度并实现承诺。由此合作伙伴的机会主义行为将被抑制。另一方面，如果他们在合作中遇到问题或冲突，由 IT 资源支持的共同解决问题机制将能有效解决问题或冲突。也就是说，在共同解决问题时，良好的沟通和协调能力可以为双方节省更多的时间和精力，从而减轻双方的压力。换言之，他们可以花更少的精力去更为广泛地讨论问题或冲突，从而有效解决问题或冲突。在问题或冲突解决后，他们将建立更多的相互信任、亲密关系和承诺，这对于减少合作伙伴的机会主义至关重要（Brown 等，2000 年）。综上所述，提出如下假设：

H3（a）双方的联合行动可以有效降低合作伙伴的机会主义。

一方面，在制定合同时，明确的常规合同条款应包含尽可能多的细节，以充分反映合同双方的全部意图。由此双方才能彼此认可各自的责任和权利。另一方面，双方通过广泛的探讨和预测，也能在最大程度上预测未来可能发生的各种情况。通过制定这两类合同条款，双方将对未来的合作和收益充满信心，而如果一方表现出机会主义行为，那么他们

对其损失也会非常清楚。如此一来,合作伙伴就不太倾向于实施机会主义。由此提出以下假设:

(b)制定清晰明确的常规合同条款。

(c)制定处理意外情况的合同条款可以有效降低合作伙伴的机会主义。

4.3 研究方法

4.3.1 数据收集

本研究所用数据来自西安、沈阳、广州、郑州和武汉这五个中国重要的都市圈的216家制造商。表4-1列出了被调查企业的所在行业、所有制情况、员工人数、合作持续时间以及被访者在职年限的描述性统计。抽样框架是中国制造业黄页,研究者从中随机抽取出400家制造商作为问卷发放对象。本研究选择相对广泛的制造商有两个原因。首先,IT资源(硬件、软件、人力资本等)在许多制造业和各种所有制企业中都会对组织的有效性和企业绩效有很大的贡献。其次,更多样化的样本有利于提高结果的可推广性。

表4-1 样本描述性统计

项目	选项	比例	项目	选项	比例
行业	电子、电气	33.1%	员工人数	小于100人	20.3%
	小家电	31.4%		100~499人	34.6%
	机械制造	25.3%		500~999人	33.0%
	食品	3.1%		大于1000人	12.1%
	卫浴用品	6.8%	合作时间	少于1年	11.6%
	服饰	0.3%		1~3年	21.4%
所有制	国有企业	20.1%		3~5年	37.6%
	合资企业	22.7%		超过5年	29.4%
	集体所有制	16.9%	调查对象的任期时间	少于1年	17.9%
	私有制	30.8%		1~3年	27.1%
	外商独资	9.5%		3~5年	24.2%
				超过5年	30.8%

问卷的受访者是负责企业间关系管理的人员，如营销渠道经理或供应链经理。受访者的选择依据两个原则：第一，受访者拥有供应链管理或营销渠道管理相关知识与经验；第二，他们的岗位足够高，对相关内容有充分的了解。为了保证数据质量，问卷还设置了验证（反向）选项来检验被调查者是否认真填写了问卷。

调查分两批进行。首先，研究者将调查问卷发送给200家制造商中所选择的受访者。当受访者收到问卷时，研究者面对面给他们讲解如何完成问卷。三天后，研究者从受访者处回收问卷，并根据完成情况赠送相应礼物作为奖励（价值40元）。第一批共收集调查问卷134份，回收率为67%，经检查符合本研究要求的有115份。第二批收集是通过在线问卷系统发放，研究者将问卷（附上填写说明）上传到一个在线调查网站，并将问卷的地址通过邮件发送给另外200家制造商中所选择的受访者。为了提高回复率，研究者承诺40元作为完成参与奖励。一周后，共收集到了120份问卷，参与率为60%，其中101份合格。最终，样本量为216份，覆盖多个行业。

为确保无应答偏差符合要求，研究者在实地调查和网络调查中分别选择了20名非应答者，要求他们回答问卷中的两个问题："总的来说，当我们遇到与IT相关的麻烦时，我们的IT员工是知识渊博的。"以及"我们公司与该经销商共同计划下一季的数量需求。"接下来，研究者采用单样本t检验检查参与调查者和未参与者之间的差异，结果显示无显著性差异。此外，研究者还比较了实地调查和在线调查两种方式所获样本的统计学特征，结果显示没有显著差异。因此，这两个样本合并后作为一个样本。

4.3.2 变量测量

本研究采用五点里克特量表来测量各变量。具体而言，量表的开发分四个步骤：①通过回顾已有文献确定已有变量的测量量表。然后根据本研究的情景和需要对相关陈述进行微调，并不改变其原本意思。②所有题项都采用中英双向翻译来保证测量的等价性（Sekaran，1983）。③研究者还邀请其他专家和企业经理审查量表，以确保所有问题的措辞表述准确。④在开展正式调查前，先向20名受访者发放问卷进行测试，最后再根据反馈情况对量表进行了修改。最终的测量量表见附录。

其中，IT 技术人员资源量表（ITHR）有四个题项。这些题项取自于 Byrd 和 Turner（2000）与 Tippins 和 Sohi（2003）的研究。量表分别衡量了 IT 技术人员对普通用户的支持程度，例如及时排除 IT 设备和软件的故障，传授 IT 相关知识，为用户提供 IT 技术指导与技术解决方案。联合行动（JA）的测量有五个题项，采用了 Zhou 等（2015）的研究。这五项分别测量了双方的联合行动内容，包括共同制订计划与共同解决问题。制定清晰明确的常规条款（EC）和制定处理意外情况条款（CC）分别有三个题项，均来自于 Lusch 和 Brown（1996）的研究。合作伙伴机会主义（OP）的测量题项有七个，来自于 Gundlach 和 Achrol（1995）的研究。这个量表衡量了合作伙伴可能的机会主义倾向。

需要说明的是，理想情况下测量 ITIR 和 ITHR 的题项应该由更专业、对信息技术更了解的 IT 技术人员来回答。合作伙伴的机会主义应该用客观手段来测量以消除主观偏见，例如合作伙伴机会主义造成的经济损失等。然而，这种操作是相当昂贵、耗时和困难的，因此遵循之前研究的做法（Jean 等，2010；Rai 和 Tang，2010；Zhang 等，2017），研究者使用被调查者对 ITIR 和 ITHR 的主观感知代表 ITIR 和 ITHR 的真实水平。类似地，遵循以往研究的做法（Liu 等，2009b；Lai 等，2011；Zhou 和 Xu，2012；Zhou 等，2015），研究者使用被调查者对合作伙伴机会主义行为的主观感知取代了这一变量的客观水平。

另外，为了控制其他因素对于合作伙伴机会主义的影响，研究者加入了两个控制变量，分别是销售额和合作时间。引入销售额的原因是销售额很大程度上反映了企业的规模，大公司在品牌和市场份额方面总是有优势，从而降低合作伙伴的机会主义。引入合作持续时间的原因是，这一因素可能导致被调查者对合作伙伴机会主义的感知存在偏见。例如，与合作伙伴合作时间较长的公司可能会遇到更多次合作伙伴机会主义的发生，因而被调查者可能会有更强烈的合作伙伴机会主义。此外，许多以往的研究表明，关系治理跟合同治理之间存在交互效应（Li 等，2010；Yang 等，2011；Zhou 和 Xu，2012），因而在分析时控制了两种治理之间的相互影响（即添加 EC、CC、JA 的相互影响）。

4.3.3　测量的效度与信度

首先对 6 个变量的量表进行了效度与信度检验。具体来说，在内容效度方面，大部分项目都是在以往的研究中使用的。每个变量的含义可以很好地涵盖结构的定义。此外，这些量表的效度也被企业当中的问卷填写者所认可。问卷填写者认为每个量表中的题项都很容易理解，题项的含义也不存在异议。因此总的来说，通过这些步骤可以保证表面效度和内容效度。

6个变量的平均方差提取（AVE）均超过0.51，6个变量的标准误差相较于路径系数而言比较低（见表4-2）。因此，6个变量的收敛效度满足要求（Arnett等，2003）。表4-3给出了变量间相关关系，显示区分效度满足要求，即6个变量的AVE值平方根都大于各自变量相关系数值，因而6个变量的区分效度满足要求。

最后，研究者采用Cronbach's alpha来检验量表信度。具体来说，使用PLS-SEM的测量模型用于检验量表的信度。6个变量的信度见表4-2，这6个变量的信度均大于Gefen等提出的0.7的要求（Gefen等，2000）。

表4-2 测量模型

变量	系数（标准误差）	AVE	信度	变量	系数（标准误差）	AVE	信度
IT基础设施资源（ITIR）		0.69	0.85	制定清晰明确的常规条款（EC）		0.59	0.81
ITSP1	0.86（0.02）			EC1	0.78（0.04）		
ITSP2	0.84（0.02）			EC2	0.74（0.04）		
ITSP3	0.83（0.02）			EC3	0.79（0.03）		
ITSP4	0.79（0.03）			制定处理意外情况条款（CC）		0.70	0.87
IT技术人员资源（ITHR）		0.74	0.92	CC1	0.84（0.02）		
ITPP1	0.83（0.03）			CC2	0.87（0.02）		
ITPP2	0.85（0.02）			CC3	0.80（0.02）		
ITPP3	0.88（0.02）			机会主义（OP）		0.63	0.92
ITPP4	0.88（0.02）			OP1	0.81（0.03）		
联合行动（JA）		0.51	0.84	OP2	0.84（0.03）		
JA1	0.75（0.03）			OP3	0.74（0.04）		
JA2	0.76（0.04）			OP4	0.81（0.03）		
JA3	0.72（0.04）			OP5	0.81（0.03）		
JA4	0.63（0.06）			OP6	0.75（0.05）		
JA5	0.71（0.04）			OP7	0.79（0.03）		

表4-3　均值、标准差和相关系数

变量	均值	标准差	变量间相关系数					
			ITIR	ITHR	JA	EC	CC	OP
ITIR	3.46	0.82	**0.83**					
ITHR	3.42	0.92	0.68	**0.87**				
JA	3.45	0.67	0.40	0.46	**0.71**			
EC	3.82	0.60	0.33	0.39	0.54	**0.77**		
CC	3.85	0.68	0.39	0.33	0.51	0.56	**0.84**	
OP	2.80	0.77	−0.01	−0.12	−0.10	−0.26	−0.10	**0.79**

注：1. 构念之间的相关性是显著的（$P<0.05$）。
2. 变量相关矩阵的对角线是 AVE 的平方根。

为了检验共同方法偏差（CMV），研究者采用 Harman 的单因素法（Podsakoff 等，2003）。具体而言，首先采用探索性和非旋转因子分析。如果存在共同方法偏差，那么将存在一个单一的显性因素。而本研究使用 Harman 的单因素检验结果显示具有 6 个显著的因素，解释了总体 63.99% 的方差。这 6 个因素中，最大的一个可以解释 28.98% 的方差。因此，共同方法偏差不是一个严重的问题。由于样本已经通过了 CMV 测试，因此本样本的共同方法偏差不严重。接下来，使用 PLS-SEM 的结构模型对假设进行检验。

4.4　数据分析与结果

本研究采用 SmartPLS 2.0 软件来执行 PLS-SEM 假设检验。数据分析结果如表 4-4 所示。其中，该模型对联合行动的解释度有 23%，对制定清晰明确的常规条款的解释度有 21%，对制定处理意外情况条款的解释度有 61%，对合作伙伴机会主义的解释度有 33%。总体来看，该模型是合理的。

表 4-4、表 4-5 显示，9 个假设中有 8 个得到了数据的支持。具体而言，IT 基础设施资源对联合行动（$\gamma=0.23$，SE=0.06）、制定清晰明确的常规条款（$\gamma=0.34$，SE = 0.08）和制定处理意外情况条款（$\gamma=0.23$，

SE=0.07)有正向影响。因此，数据支持整个假设H1。同样，IT技术人员资源正向调节IT基础设施资源对联合行动（γ=0.19，SE=0.09）、制定清晰明确的常规条款（γ=0.19，SE=0.08）和制定处理意外情况条款（γ=0.23，SE=0.08）的影响。因此，数据支持整个假设H2。接下来，联合行动（γ=-0.27，SE=0.06）和制定处理意外情况条款（γ=-0.33，SE=0.05）对合作伙伴机会主义具有负向影响。因此，支持H3a和H3c。而H3b预测制定清晰明确的常规条款对合作伙伴机会主义有负向影响，然而这一关系没有得到数据的支持（γ=0.07，SE=0.11），因而H3b被拒绝。

表4-4 结构模型的结果

假设（路径）	假设模型		
	路径系数（标准误差）	t值	R^2
假设			
ITIR→JA（H1a）	0.23（0.06）	3.78	0.23
ITIR×ITHR→JA（H2a）	0.19（0.09）	2.11	
ITIR→EC（H1b）	0.34（0.08）	4.30	0.21
ITIR×ITHR→EC（H2b）	0.19（0.08）	2.36	
ITIR→CC（H1c）	0.23（0.07）	3.22	0.61
ITIR×ITHR→CC（H2c）	0.23（0.08）	2.87	
JA→OP（H3a）	-0.27（0.06）	4.47	0.33
EC→OP（H3b）	0.07（0.11）	0.65	
CC→OP（H3c）	-0.33（0.05）	6.55	

注：1. 路径估计是标准化的。
2. 标准误差是用引导程序估计的。

表4-5 假设检验结果

假设	结果
H1：企业先进的IT基础设施资源可以（a）改善双方的联合行动，（b）制定常规条款的清晰与明确程度，以及（c）制定更有覆盖面的意外情况条款	通过
H2：IT技术人员资源将正向加强IT技设施资源对（a）联合行动、（b）制定明确常规合同条款和（c）制定处理意外情况条款的正向影响	通过
H3：（a）双方的联合行动可以有效降低合作伙伴的机会主义	通过
H3：（b）制定清晰明确的常规合同条款可以有效降低合作伙伴的机会主义	未通过
H3：（c）制定处理意外情况的合同条款可以有效降低合作伙伴的机会主义	通过

4.5 讨论与结论

4.5.1 主要发现

本研究基于交易成本和代理成本的视角，结合信息系统和跨组织关系与合同治理相关研究，探讨了企业 IT 资源对两种治理机制以及合作伙伴机会主义的影响。研究发现，IT 基础设施资源（包括 IT 硬件、IT 软件或系统）和 IT 技术人员资源能够改善跨组织关系和合同治理的效果，并进而降低合作伙伴的机会主义。这一发现支持了 Lioukas 等（2016）的结论，即 IT 可以使整个战略联盟受益。

首先，先进的 IT 设备和专业的软件（或系统）可以改善企业之间的沟通和协调，从而提高双方联合行动的效率与效果。这一发现与 Lee 和 Scott（2015）及 Chang 等（2015）的结论相似，他们都认为 IT 基础设施资源可以改善双方的合作效果。与此同时，本研究发现先进的 IT 基础设施资源可以改善企业间跨组织沟通和协调效果，从而帮助企业制定更为清晰明确的常规合同条款，以及制定更有覆盖面的意外情况合同条款。总的来说，这些发现与 Banker 等（2006）和 Krishna 等（2005）的研究结果相似。它们都发现 IT 基础设施能够促进双方制定合同的相关活动（如合同开发、控制和监控等）。

其次，IT 基础设施资源对联合行动、制定明确的常规合同条款和意外情况条款正向影响均受到 IT 技术人员资源的正向调节。在理论上，这一发现为 Liu 等（2013）发现的"IT 技术人员如何成为一种增值资源"提供了具体的证据。而且，以往大多数研究都只是单独分析 IT 人力资源的影响，例如 Bharadwaj（2000），Huang 等（2006）和 Ravichandran（2005）。虽然 Chen（2012）和 Teo 及 Ranganathan（2003）探讨了 IT 基础设施资源（即 IT 硬件、软件和系统）、IT 人力资源和组织资源之间的协同效应，然而他们没有区分这两种 IT 资源的不同角色。在本研究中，IT 基础设施资源是角色的前因变量，而 IT 人力资源则起到调节效应。

最后，正如之前许多研究认为的那样，本研究也发现联合行动可以有效地减少合作伙伴的机会主义（Grzeskowiak 和 Al-Khatib，2009；Liu

等，2009a）。相比而言，尽管许多之前的研究发现正式（或明确）的合同能降低合作伙伴的机会主义（Cavusgil 等，2004；Wuyts 和 Geyskens，2005），但他们没有单独探讨处理意外情况条款的影响。有趣的是，本研究发现制定明确的合同条款对合作伙伴机会主义的效果是不显著的，反而处理意外情况条款是有效的。这背后的原因可能是，数据来源于中国企业，而中国文化和市场环境会影响明确合同条款的制定。具体来说，中国文化重视跨组织合作中的关系。因此，中国企业倾向于在跨组织合作中同时采用关系治理和合同治理机制。而在这过程中，中国企业不倾向于将合同设计得过于细致，因为过于细致的合同条款意味着对对方的不信任，从而破坏关系治理的根基。此外，还有一个原因是中国企业在日益活跃的市场中面临着更多的不可预测性和不确定性。因此在合同生效后，先前签订的条款可能会失效或不可行，因而中国公司也不倾向于设计过于明确的合同条款，而是会考虑更多的意外情况条款，从而覆盖尽可能多的突发事件与意外情形。

4.5.2　理论贡献

本研究体现了以下几个重要的理论意义。首先在信息系统和供应链管理领域中，大量的研究探讨了 IT 对跨组织关系的整合、协调或协作的影响，而很少有研究调查 IT 如何影响跨组织控制或治理方面的因素。Jean 等（2010）研究了信息技术对跨组织关系治理的影响，但他们并未同时关注合同治理。相比该研究，本研究同时关注了跨组织关系治理与合同治理两种治理机制，因而有效地拓展了信息系统和供应链管理领域对于跨组织关系的研究。

其次，本研究还发现 IT 人力资源会正向调节 IT 基础设施资源对两种治理机制的影响。虽然 Chen（2012）和 Teo 和 Ranganathan（2003）对 IT 基础设施资源和 IT 技术人员资源之间的交互作用进行了探讨，但他们并未区分两种类型的 IT 资源的不同角色。因此，本研究也对信息系统资源研究进行了拓展。

最后，在跨组织研究中，以往研究细致地探讨了关系和合同对合作伙伴机会主义的影响（Zhou 等，2008；Li 等，2010；Zhou 和 Poppo，2010；Zhou 和 Xu，2012）。然而，并没有研究探讨 IT 资源对这两种跨组织治理机制以及对合作伙伴机会主义的影响。因此，本研究有效地拓展了关系治理和合同治理的研究，并丰富了机会主义的研究文献。

4.5.3 实践意义

企业间跨组织合作的效率和效果对于企业的供应链管理，对企业获取竞争优势、提升企业绩效具有重要意义。相比于以往研究主要针对跨组织整合、协调或协作提出管理建议，本研究则针对跨组织合作中的治理或控制提出管理建议。

首先，如果一家公司想改善其关系型治理的效果，其可以通过购买更先进的 IT 硬件或更高版本的专业软件或系统来实现这一点。这是因为 IT 技术可以改善企业之间的沟通与协调效率和效果，从而改善关系治理中的共同制订计划与共同解决问题这两个重要的联合行动。基于有效的共同制订计划与共同解决问题，企业之间更容易形成互信、承诺和亲密关系，由此有效抑制合作伙伴的机会主义行为。

其次，利用先进的 IT 硬件和专业的软件或系统，企业也可以改善合同治理的效率与效果。具体来说，先进的 IT 硬件和专业软件有助于加强企业间的沟通和协调效率，这将有助于降低双方在制定合同的过程中的沟通和协调成本，从而帮助企业制定更为清晰明确的合同，以及制定更多处理意外情况的条款。特别是意外情况条款能更有效地抑制合作伙伴的机会主义。

最后，如果公司想要进一步加强 IT 硬件和专业软件或系统的效果，公司可以加强 IT 技术人员的技术服务支持，如更及时的故障排除、定期培训、技术指导等。这是因为 IT 技术人员为用户提供的支持越多，用户就越有可能体验到 IT 设备与系统的有用性和易用性。因此，他们更愿意在与合作伙伴的互动中采用这些设备与系统。尤其是当公司在 IT 硬件和软件或信息系统上的投资很有限时，加强 IT 技术人员的支持是一种更有效的方法。

4.5.4 局限性和未来研究方向

尽管研究者已经做出了许多努力，该研究的局限性仍然不可避免。

首先，研究者在调查中选择了供应链或营销渠道经理作为问卷填写者。然而，这些人大多不是计算机科学专业（或相关专业）出身。因此，为了让他们更容易理解问卷中的问题，在涉及 IT 基础设施性能和 IT 技术人员技术支持的题项时，不得不选择了一些简单的、可感知的问题。因此，对于 IT 资源的测量可能存在主观偏差。在未来研究中，可以考虑采用更客观、更专业的测量方法来体现 IT 基础设施和 IT 技术支持的水平，并邀请 IT 相关部门的员工来回答专业问题。此外，对合作伙伴机会主义的测量也存在主观偏差，因此在未来的研究中可以使用更多客观的测量方法。例如通过测量合作伙伴机会主义造成的损失来体现机会主义的严重程度。在研究方法上，本研究采用截面数据，然而这类数据由于其先天的缺陷是难以检验变量之间因果关系的。一个理想的方法是采用纵向研究方法。也就是用几年的数据来检验 IT 资源对渠道跨组织关系治理与合同治理的影响。

本研究还存在一些其他方面的不足。首先，本研究没有考虑环境因素的影响，例如市场不确定性和法律执行。在未来的研究中，环境因素如何影响 IT 资源和治理机制的关系值得研究。其次，跨组织关系中的权力（或依赖）是影响 B2B 关系的另一个重要因素。在未来的研究中，IT 资源如何影响企业跨组织权力（或依赖）将是一个有趣的问题。最后，本研究只是将合作伙伴的机会主义作为 IT 资源和两种治理机制共同作用的结果，未来的研究中可以将满意度和财务业绩等因素作为结果因素进行分析。

参考文献

Arnett D B, Laverie D A, Meiers A, 2003. Developing parsimonious retailer equity indexes using partial least squares analysis: A method and applications[J]. Journal of Retailing, 79(3): 161-170.

Banker R D, Kalvenes J, Patterson R A, 2006. Information technology, contract completeness, and buyer-supplier relationships[J]. Information Systems Research, 17(2): 218-228.

Bharadwaj A S, 2000. A resource-based perspective on information technology capability and firm performance: An empirical investigation[J]. MIS Quarterly, 24(1): 169-196.

Boulay J, 2010. The role of contract, information systems and norms in the governance of franchise systems[J]. International Journal of Retail & Distribution Management, 38(9): 662-676.

Brown J R, Dev C S, Lee D J, 2000. Managing marketing channel opportunism: The efficacy of alternative governance mechanisms[J]. Journal of Marketing, 64(2): 51-65.

Byrd T A, Turner D E, 2000. Measuring the flexibility of information technology infrastructure: Exploratory analysis of a construct[J]. Journal of Management Information Systems, 17(1): 167-208.

Cannon J P, Achrol R S, Gundlach, G T, 2000. Contracts and norms, and plural form governance[J]. Journal of the Academy of Marketing Science, 28(2): 180-194.

Cavusgil S T, Deligonul S, Chun Z, 2004. Curbing foreign distributor opportunism: An examination of trust, contracts, and the legal environment in international channel relationships[J]. Journal of International Marketing, 12(2): 7-27.

Chang K H, Chen Y R, Huang H F, 2015. Information technology and partnership dynamic capabilities in international subcontracting relationships[J]. International Business Review, 24(2): 276-286.

Chen, J L, 2012. The synergistic effects of IT-enabled resources on organizational capabilities and firm performance[J]. Information & Management, 49(3-4): 142-150.

Chen Y, Wang Y, Nevo S, et al, 2015. IT capabilities and product innovation performance: The roles of corporate entrepreneurship and competitive intensity[J]. Information & Management, 52(6): 643-657.

Chiu J, Hsieh C, 2016. The impact of restaurants' green supply chain practices on firm performance[J]. Sustainability, 8(1): 42.

Deverell R, McDonnell K, Devlin G, 2009. The impact of field size on the environment and energy crop production efficiency for a sustainable indigenous bioenergy supply chain in the Republic of Ireland[J]. Sustainability, 1(4): 994-1011.

Erkut B, 2018a. The Emergence of the ERP Software Market between Product Innovation and Market Shaping[J]. Journal of Open Innovation: Technology, Market, and Complexity, 4(2): 23.

Erkut B, 2018b. What did sap change? A market shaping analysis[J]. Marketing and Branding Research, 5: 51-63.

Gefen D, Straub D W, Boudreau M C, 2000. Structural equation modeling and regression: Guidelines for research practice[J]. Communications of the Association for

Information Systems, 4(7): 1-77.

Gencturk E F, Aulakh P S, 2007. Norms-and control-based governance of international manufacturer-distributor relational exchanges[J]. Journal of International Marketing, 15(1): 92-126.

Grzeskowiak S, Al-Khatib J A, 2009. Does morality explain opportunism in marketing channel negotiations?: The moderating role of trust[J]. International Journal of Retail & Distribution Management, 37(2): 142-160.

Gundlach G T, Achrol R S, Mentzer J T, 1995. The structure of commitment in exchange[J]. Journal of Marketing, 59(1): 78-92.

Hart O, Moore J, 1999. Foundations of incomplete contracts[J]. The Review of Economic Studies, 66(1): 115-138.

Huang S M, Ou C S, Chen C M, et al, 2006. An empirical study of relationship between IT investment and firm performance: A resource-based perspective[J]. European Journal of Operational Research, 173(3): 984-999.

Jap S D, Anderson E, 2003. Safeguarding interorganizational performance and continuity under ex post opportunism[J]. Management Science, 49(12): 1684-1701.

Jean R B, Sinkovics R R, Cavusgil S T, 2010. Enhancing international customer–supplier relationships through IT resources: a study of Taiwanese electronics suppliers[J]. Journal of International Business Studies, 41(7): 1218-1239.

Joshi A W, Campbell A J, 2003. Effect of environmental dynamism on relational governance in manufacture-supplier relationships: A contingency framework and an empirical test[J]. Journal of the Academy of Marketing Science, 31(2): 176-188.

Kim D, Cavusgil S T, Cavusgil E, 2013. Does IT alignment between supply chain partners enhance customer value creation? An empirical investigation[J]. Industrial Marketing Management, 42(6): 880-889.

Kim S M, Mahoney J T, 2006. Mutual commitment to support exchange: relation-specific IT system as a substitute for managerial hierarchy[J]. Strategic Management Journal, 27(5): 401-423.

Krishna P R, Karlapalem K, Dani A R, 2005. From contracts to e-contracts: Modeling and enactment[J]. Information Technology and Management, 6(4): 363-387.

Lai F, Tian Y, Huo B, 2011. Relational governance and opportunism in logistics outsourcing relationships: empirical evidence from China[J]. International Journal of Production Research, 50(9): 2501-2514.

Lee M T, Scott K, 2015. Leveraging IT resources, embeddedness, and dependence: A supplier's perspective on appropriating benefits with powerful buyers[J]. Information & Management, 52(8): 909-924.

Legris P, Ingham J, Collerette P, 2003. Why do people use information technology? A critical review of the technology acceptance model[J]. Information & Management, 40(3): 191-204.

Li J J, Poppo L, Zhou K Z, 2010. Relational mechanisms, formal contracts, and local knowledge acquisition by international subsidiaries[J]. Strategic Management Journal, 31(4): 349-370.

Lioukas C S, Reuer J J, Zollo M, 2016. Effects of information technology capabilities on strategic alliances: Implications for the resource-based view[J]. Journal of Management Studies, 53(2): 161-183.

Liu L, Chen D Q, Bose I, et al, 2013. Core versus peripheral information technology employees and their impact on firm performance[J]. Decision Support Systems, 55(1): 186-193.

Liu Y, Li Y, Shi L H, et al, 2017. Knowledge transfer in buyer-supplier relationships: The role of transactional, relational governance mechanisms[J]. Journal of Business Research, 78(9): 285-293.

Liu Y, Luo Y, Liu T, 2009. Governing buyer-supplier relationships through transactional and relational mechanisms: Evidence from China[J]. Journal of Operations Management, 27(4): 294-309.

Liu Y, Su C T, Li Y, et al, 2009. Managing opportunism in a developing interfirm relationship: The interrelationship of calculative and loyalty commitment[J]. Industrial Marketing Management, 39(5): 844-852.

Lu Y, Zhao C, Xu L, et al, 2018. Dual institutional pressures, sustainable supply chain practice and performance outcome[J]. Sustainability, 10(9): 3247.

Luo Y, 2006. Opportunism in inter-firm exchanges in emerging markets[J]. Management and Organization Review, 2(1): 121-147.

Lusch R F, Brown J R, 1996. Interdependency, contracting, and relational behavior in marketing channels[J]. Journal of Marketing, 60(4): 19-38.

Melville N, Kraemer K, Gurbaxani V, 2004. Information technology and organizational performance: an integrative model of IT business value[J]. MIS Quarterly, 28(2): 283-322.

Metcalf L E, Frear C R, Krishnan R, 1992. Buyer - seller relationships: An application of the imp interaction model[J]. European Journal of Marketing, 26(2): 27-46.

Paulraj A, Lado A A, Chen I J, 2008. Inter-organizational communication as a relational competency: Antecedents and performance outcomes in collaborative buyer–supplier relationships[J]. Journal of Operations Management, 26(1): 45-64.

Podsakoff P M, Mackenzie S B, Lee J Y Y, et al, 2003. Common method bias in behavioral research: A critical review of the literature and recommended remedies[J]. Journal of Applied Psychology, 88(5): 879-903.

Poppo L, Zenger T, 2002. Do formal contracts and relational governance function as substitutes or complements?[J]. Strategic Management Journal, 23(8): 707-725.

Rai A, Tang X, 2010. Leveraging IT capabilities and competitive process capabilities for the management of interorganizational relationship portfolios[J]. Information Systems Research, 21(3): 516-542.

Ravichandran T, Lertwongsatien C, 2005. Effect of information systems resources and capabilities on firm performance: A resource-based perspective[J]. Journal of Management Information Systems, 21(4): 237-276.

Reuer J J, Ariño A, 2007. Strategic alliance contracts: dimensions and determinants of contractual complexity[J]. Strategic Management Journal, 28(3): 313-330.

Sekaran U, 1983. Methodological and theoretical issues and advancements in cross-cultural research[J]. Journal of International Business Studies, 14(2): 61-73.

Sinkovics R R, Jean R J, Roath A S, et al, 2011. Does IT integration really enhance supplier responsiveness in global supply chains?[J]. Management International Review, 51(2): 193-212.

Spralls S A, Hunt S D, Wilcox J B, 2011. Extranet use and building relationship capital in interfirm distribution networks: The role of extranet capability[J]. Journal of Retailing, 87(1): 59-74.

Stephen A T, Coote L V, 2007. Interfirm behavior and goal alignment in relational exchanges[J]. Journal of Business Research, 60(4): 285-295.

Subramani M, 2004. How do suppliers benefit from information technology use in supply chain relationships?[J]. MIS Quarterly, 28(1): 45-73.

Teo T S H, Ranganathan C, 2003. Leveraging IT resources and capabilities at the housing and development board[J]. The Journal of Strategic Information Systems, 12(3): 229-249.

Tippins M J, Sohi R S, 2003. IT competency and firm performance: is organizational learning a missing link[J]. Strategic Management Journal, 24(8): 745-761.

Venkatesh V, Morris M G, Davis G B, et al, 2003. User acceptance of information technology: Toward a unified view[J]. MIS Quarterly, 27(3): 425-478.

Wang E T G, Chou F K Y, Lee N C A, et al, 2014. Can intrafirm IT skills benefit interfirm integration and performance?[J]. Information & Management, 51(7): 924-938.

Wathne K H, Heide J B, 2000. Opportunism in interfirm relationships: Forms, outcomes, and solutions[J]. Journal of Marketing, 64(4): 36-51.

Wuyts S, Geyskens I, 2005. The formation of buyer-supplier relationships: Detailed contract drafting and close partner selection[J]. Journal of Marketing, 69(4): 103-117.

Yang Z, Zhou C, Jiang L, 2011. When do formal control and trust matter? A context-based analysis of the effects on marketing channel relationships in China[J]. Industrial Marketing Management, 40(1): 86-96.

Zhang T, Wang X, Zhuang G, 2017. Building channel power: the role of IT resources and information management capability[J]. Journal of Business & Industrial Marketing, 32(8): 1217-1227.

Zhou K Z, Poppo L, 2010. Exchange hazards, relational reliability, and contracts in China: The contingent role of legal enforceability[J]. Journal of International Business Studies, 41(5): 861-881.

Zhou K Z, Poppo L, Yang Z, 2008. Relational ties or customized contracts? An examination of alternative governance choices in China[J]. Journal of International Business Studies, 39(3): 526-534.

Zhou K Z, Xu D, 2012. How foreign firms curtail local supplier opportunism in China: Detailed contracts, centralized control, and relational governance[J]. Journal of International Business Study, 43(7): 677-692.

Zhou Y, Zhang X, Zhuang G, et al, 2015. Relational norms and collaborative activities: Roles in reducing opportunism in marketing channels[J]. Industrial Marketing Management, 46(3): 147-159.

Zhuang G, Xi Y, Tsang A S L, 2010. Power, conflict, and cooperation: The impact of guanxi in Chinese marketing channels[J]. Industrial Marketing Management, 39(1): 137-149.

附录：测量量表

IT基础设施资源（ITIR）	
ITIR1	我们公司拥有最先进的IT设备
ITIR2	我们公司每年都会投入大量资金购买新的IT设备（如台式机、笔记本电脑、服务器、路由器等）
ITIR3	我们拥有最新发布的专业软件或企业系统（例如ERP、SAP、Lotus Notes等）
ITIR4	在我们公司，软件系统总是能够及时升级
IT技术人员资源（ITHR）	
ITHR1	总的来说，我们的IT技术人员有足够的知识应对我们碰到的IT相关问题
ITHR2	我们的IT技术人员在培训我们时展现了足够的能力
ITHR3	我们的IT技术人员能够理解我们的业务问题并制定适当的技术解决方案
ITHR4	我们的IT技术人员擅长维护我们公司的电脑和网络
联合行动（JA）	
JA1	我们公司和这家经销商一起计划下一季的批量需求
JA2	我公司与该经销商共同策划下一季的新产品需求
JA3	我公司与该经销商共同规划下一季的品种需求
JA4	该经销商与本公司共同处理合作过程中出现的问题
JA5	大多数时候，我们与该经销商共同承担工作责任
制定清晰明确的常规条款（EC）	
EC1	在与该经销商打交道时，我们有明确规定各方角色的条款
EC2	在与该经销商打交道时，我们有明确规定各方责任的条款
EC3	在与该经销商打交道时，我们有明确条款细致地规定了各方应如何履行义务
制定处理意外情况条款（CC）	
CC1	在与该经销商打交道时，我们有条款明确说明在发生意外情况时应该怎么处理
CC2	在与该经销商打交道时，我们有条款明确说明如何解决分歧
CC3	在与该经销商打交道时，我们有条款明确说明应如何处理突发事件
合作伙伴机会主义（OP）	
OP1	该经销商为了得到想要的东西经常夸大其词
OP2	该经销商并不总是真诚的
OP3	该经销商篡改事实以得到他们想要的东西
OP4	诚信谈判不是该经销商谈判的风格
OP5	经销商在谈判时提供了完全真实的情况（反向题项）
OP6	该经销商为了自己的利益违反了我们之间正式或非正式的协议
OP7	该经销商总是让我们承担额外的责任

5

跨组织权威的构建路径：
基于信息技术与信息管理
能力的视角

5.1 研究背景与研究问题

5.1.1 研究背景

在跨组织关系中,一方对另一方面的影响力会直接决定后者的行为与态度,因而这种影响力可以作为一种有效的治理机制与手段(张涛,2011;Stern 和 El-Ansary,1992)。在本研究中,研究者关注营销渠道这一典型的跨组织治理场景,探讨这一场景下企业如何使用信息技术提高制造商对分销商的影响力(即渠道权力)并进而获得良好的跨组织治理结果的过程。

具体而言,营销渠道指产品与服务从生产一端转移向消费一端的全部环节,一般由制造商、分销商、零售商等组成(Zhuang 和 Zhou,2004;Zhuang 等,2010)。在一条营销渠道中,较大的渠道权力可以给制造商带来诸多利益,例如抑制分销商投机(Handley 和 Benton Jr,2012;张涛,2011)、提高渠道收益(Mithas 等,2012)和渠道满意(Hopkinson 和 Blois,2014)等。因此,怎样增强自己的渠道权力是制造商关注的重要问题之一。从资源依赖理论的视角来看,制造商的渠道权力来源于其拥有的、对分销商有价值的各种资源(Hopkinson 和 Blois,2014;Wiengarten 等,2013;Zhuang 和 Zhou,2004),如品牌、专利、政府部门关系、特有的融资途径等。其中,以信息(包括知识)形式存在的资源(如工艺诀窍、技术专利、市场知识和原材料信息等)是制造商渠道权力的重要来源之一(French 和 Raven,1959)。而随着计算机、智能手机、互联网为代表的信息技术(以下简称 IT)的快速发展与广泛应用,信息与知识的获取、组织与管理越来越便捷,成本越来越低(Aral 等,2012;Yadav 和 Pavlou,2013),这就给制造商提高其渠道权力带来可能。

5.1.2 研究问题

制造商如何通过其拥有的 IT 资源(如 IT 设备与设施、IT 系统、IT 技术人员、企业信息系统部门等)来获取和管理更多有价值的信息与知识,从而对分销商形成更大的影响力呢?对于这个问题,当前无论是信息系统领域还是渠道权力领域都比较缺乏研究。具体来说，在信息系统领域，现有对于信息技术战略价值的研究已经比较丰富，研究者主要集中在IT对企业绩效或竞争优势产生影响的具体过程。例如Chakravarty等（2013）研究发现IT能力可以通过提高组织柔性或灵活性（agility或flexibility）来改善企业的绩效（Chakravarty等，2013）。Liu等（2013）研究了IT能力对企业绩效产生影响的过程中，吸收能力和供应链柔性的中介作用（Liu，2013）。Roberts和Grover（2012）研究发现IT可以提高企业对于客户的服务的柔性，从而形成相应的竞争优势（Roberts和Grover，2012）。Mithas等（2011）研究发现，基于IT的信息管理能力可以提高企业的组织能力，从而提高企业绩效（Mithas等，2011）。Otim等（2012）研究发现IT可以降低企业的风险，从而提高企业收益。张涛和庄贵军（2015）研究了分销商投机氛围对制造商的IT能力、关系治理行为及渠道满意之间关系的权变影响。但是，在我们所掌握的相关研究之中，未发现有研究关注IT对企业渠道权力所产生的影响，更未有研究关注其中间过程。

而在渠道权力领域中，已有研究主要集中在四个方面。第一，权力与依赖的关系。例如Skinner等（1987）研究了不同情境下的权力与依赖关系的变化。第二，权力与权力使用（或影响策略）之间的关系。例如Frazier和Rody（1991）发现权力与强制性权力使用之间存在负相关关系，而与非强制性权力使用之间存在正相关关系。第三，影响权力使用的因素，例如边界人员的私人关系（庄贵军和席酉民，2004）、关系营销导向（庄贵军等，2008）等。第四，权力使用对渠道投机、合作、绩效的影响，例如Lee（2001）发现强制性权力使用会增加双方的冲突，降低合作的水平，并导致对方更多的投机行为；而非强制性渠道权力使用则会减少冲突并提高合作的意愿，减少对方的投机行为。总之，虽然对于渠道权力的研究比较丰富，但未发现有研究关注IT对渠道权力所产生的影响。

针对于上述两个领域研究的不足，本研究采用基于资源的视角（resource-based view，RBV），分析IT对于制造商渠道权力所产生的影响及其中间过程。本研究一方面有助于弥补信息系统领域中，IT与企业绩效相关研究的不足；另一方面也将IT相关概念引入渠道权力领域，以解释信息技术革命给渠道权力理论带来的变化，有助于完善渠道权力相关理论。此外，对于制造商来说，本研究也有助于其更深入地了解 IT 对其渠道权力的影响，帮助制造商更好地借助 IT 来增强其渠道权力。

5.2 理论与文献

5.2.1 RBV 视角下的企业 IT 资源

RBV 理论将企业看作是一系列资源的集合体（Barney，1991）。不过，只有那些同时具备有价值、稀有性、难以模仿及不可替代（VRIN）这四个特征的资源才能为企业带来持续的竞争优势（Barney，1991）。根据该理论，由于 IT 设备资源（如笔记本、服务器、数据库管理系统等），以及 IT 技术人员资源（如网络管理员、数据库管理员、程序员等）均可以通过市场交易获得，容易被竞争对手复制，因此无法直接为企业带来竞争优势。而根据以往研究的结论，若要 IT 资源成为企业竞争优势的来源，就必须为企业其他资源、能力或流程提供有效的支持与帮助，由此 IT 资源才能有助于企业获得竞争优势（梁强等，2011；彭建平，2012；张涛和庄贵军，2014）。也就是说，IT 对于企业竞争优势的影响并不是直接的，而是需要通过某些中间环节。例如，组织柔性（Chakravarty 等，2013）、服务柔性（Roberts 和 Grover，2012）、吸收能力与供应链柔性（Liu 等，2013）、组织能力（Mithas 等，2011）等。

关于 IT 资源的分类，Bharadwaj（2000）、Melville 等（2004）将 IT 资源划分为实体资本类 IT 资源与人力资本类 IT 资源。其中前者主要以各种 IT 设备资源为主，包括计算机、路由器、SQL Server 数据库、SAP 系统等；后者主要以各种 IT 技术人员资源为主，包括网络管理员、数据库管理员、程序员或网站维护员等。遵循这一研究思路，本研究也将 IT 资源划分为 IT 设备资源和 IT 技术人员资源这两类。其中 IT 设备资源指制造商拥有的，可供渠道部或市场部使用的各种 IT 设备与系统；IT 技术人员资源指制造商的 IT 专业人员在多大程度上能给予渠道或市场部 IT 方面的帮助和支持。

5.2.2 企业信息管理

如上所述，信息是制造商渠道权力的重要来源，而制造商可以通过信息管理来累积更多的信息与知识。具体而言，制造商为了应对市场、环境和竞争的变化，通过搜集各种内外部信息，共享各部门知识与经验，从而更好地分析问题并制定应对策略，以主动适应环境与市场变化。

目前对于企业信息管理过程的研究视角主要有两种。第一种视角是从信息加工的角度入手，例如 Huber（1991）认为企业信息管理过程包括信息的获取、分配、理解和记忆这四个阶段。类似地，Baets（1998）认为企业信息管理过程包括信息的获取、精炼、提升和扩散四个阶段。第二种视角是从企业实施信息管理具体方式入手，例如 Sinkula（1994）把企业信息管理过程划分为信息获得，信息传播和形成共同理解这三个阶段，Slater 和 Narver（1994）在前者的基础上增加了组织记忆作为反馈阶段，将企业信息管理过程分为信息的获得、信息的传播、共同理解和组织记忆四个阶段。

不难看出，上述两种观点都认为搜集信息与共享信息是企业信息管理的两个重要环节。这是因为，一方面，信息的搜集是信息管理的起点，如果没有搜集信息的环节，企业信息管理也就无从谈起，信息管理的其他阶段也就没有了基础；另一方面，信息的共享也是企业信息管理的核心活动，如果没有信息在组织内的共享，那么企业信息管理就失去了意义。因此，本研究主要关注企业信息管理的这两个重要环节。其中，搜集信息具体指制造商根据自身需要从企业外部获取信息，如消费者态度、市场需求趋势、新产品工艺技术、符合要求的潜在分销商等；而共享信息具体指在制造商内部，不同部门之间彼此共享各自掌握的信息，如产品数据、成本报表、技术工艺、销售数据等。

5.2.3 渠道权力

渠道权力，指一个渠道成员对于另一个在同一渠道中，不同层次上的渠道成员的影响能力（Stern 和 El-Ansary，1992）。渠道权力的来源有两种观点。第一，权力基础理论认为，制造商的渠道权力来源有六种基础（French 和 Raven，1959），分别是奖励、强迫、法定、认同、专家和信息权力基础。第二，权力依赖理论认为，一个渠道成员（A）的权力来源于其对于另一个渠道成员（B）所提供的渠道功能的依赖，即渠道权力是渠道依赖的倒置（Zhuang 等，2014）。如果 A 越依赖于 B 所提供的渠道功能，那么 B 对 A 形成的渠道权力就越大。

从资源依赖理论视角来看，这两种观点在本质上是一致的，即权力来源于有价值资源（Hopkinson 和 Blois，2014；Wiengarten 等，2013；Zhuang 等，2004）。这是因为，每一个渠道成员都必须依赖其他成员提供的渠道功能才能实现产品和服务的转移（权力依赖理论），而渠道功能的实现是基于企业拥有的各种资源的组合（Zhuang 等，2010）。同时，一个渠道成员所拥有的资源又可以组合成为不同的权力基础（权力基础理论）（Hopkinson 和 Blois，2014；Zhuang 等，2014），例如分销商拥有对于产品、技术的专业知识可以形成专家权力基础。而且，越是对方急需而又难以替代的资源，越是能对对方形成较大的渠道权力。

而信息作为一种有价值的资源，对于企业的作用越来越大（Wilson，2011；Wong 等，2011）。有价值的信息或者能帮企业获得丰厚的利润，或者能帮企业避免不必要的损失。例如，制造商向分销商提供消费者口味、态度和偏好的市场调查结果，就能帮助该分销商提高促销效果。如此一来，制造商就可以对分销商形成更大的渠道权力。

5.3 模型与假设

5.3.1 研究模型

如上所述，RBV 理论认为 IT 资源无法直接为企业带来竞争优势，而是要通过某些中间环节才能发挥作用。本研究基于这一观点，认为企业 IT 资源可以通过企业信息管理的两个核心环节——信息搜集与信息共享对其渠道权力产生的影响。具体而言，IT 是针对信息的获取、存储、管理和使用发展而来的一类技术，可以帮助制造商提高各种与信息和知识相关活动的效率。而信息搜集与信息共享这两个环节都与信息有着直接且密切的关系。因此，IT 资源可以直接提高这两个环节的效率与效果，从而帮助制造商累积更多有价值的信息并由此获得更大的渠道权力。

本研究提出的模型如图 5-1 所示，IT 资源可以提高制造商信息搜集与信息共享的效率（IT 功能的视角），由此制造商可以累积更多对分销商有价值的信息，而这些信息就能形成对分销商更大的渠道权力（资源依赖视角）。

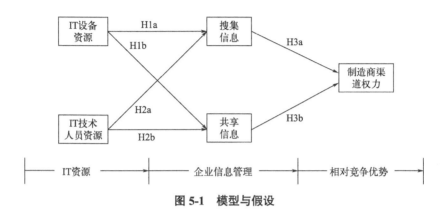

图 5-1　模型与假设

5.3.2　IT 设备资源对搜集信息和共享信息的影响

当前信息技术发展的速度非常快，其具备的功能越来越先进。其中有一类功能可以帮助制造商在搜集信息的过程中跨越时间与空间的限制，简化并减少信息搜集所需的计算量，深入分析与挖掘信息。例如 Web 平台与网站系统可以实现 7×24 小时的收集信息；统计分析软件可以对大量数据进行分析挖掘，从中找出有价值的规律和趋势；网络互连技术可以为企业使用搜索引擎，远程访问网页提供便利。因此，如果制造商 IT 设备资源先进，那么渠道部或市场部在搜集信息的过程中就能获得更多的支持，从而提高搜集信息的效率。

具体而言，如果制造商拥有专门 Web 平台技术（如 Internet Information Services，IIS），那么就能建立专门的调研页面来向更大范围内的消费者发放问卷。这样不但能提高问卷发放的效率，而且还能获得更大的样本量。相比而言，如果制造商缺乏相关技术，那么就只能通过 Email、第三方问卷平台等方式来发放问卷。这些方式难以控制问卷发放的过程与结果，从而影响问卷发放的效率。其次，如果制造商有专业的统计分析软件（如 SPSS、SAS 等），就能对海量数据进行自动化处理并进行自动化分析（例如聚类、列联分析、多元回归等），从而更容易发现数据背后的规律或趋势（即获得知识）。而制造商如果缺乏相关软件，就只能对数据进行简单处理（例如只能计算均值和方差），从而难以获得更有价值的信息。最后，如果制造商网络带宽较高，就能同时执行多个搜索操作（例如打开多个网页），从而提高搜索信息的速度，帮助企业快速获得所需的信息（如某地区分销商口碑）。但如果制造商网络带宽较低，那么同时访问多个网页会降低响应速度，从而影响搜集信息的效率。依据以上论述提出以下假设。

H1a：制造商的 IT 设备资源越先进，其搜集信息的效率就越高。

另外，有一类 IT 设备资源可以帮助企业突破信息共享的时间与地点、内容与形式上的局限，从而提高其共享信息的效率。具体而言，如果制造商采用云存储技术为各部门建立共享服务，那么各部门中的使用者不但能任意将信息在不同桌面系统和移动平台上共享，还能与其他人随时随地分享。相比而言，如果制造商没有这样的技术，那么就只能通过 FTP、邮箱、U 盘等途径来实现信息的共享。这样一来，不但信息难以跨平台共享，而且也容易出现信息安全问题，从而降低信息共享的效率。其次，如果制造商拥有 SQL server 数据库、SAP 等比较先进的设备与系统，就能将企业内部不同形式的信息转为统一的存储格式。在此基础上，借助这些设备与系统，每个部门各自的知识库就容易相互连接，从而提高信息共享的效率。而如果制造商没有这些技术，就只能以原始形式储存信息。而原始形式的信息难以分类、快速储存与读取，因此会降低信息共享的效率。最后，企业内外部高速网络能有效提高信息的传送速度。如果制造商拥有这样的高速网络，就能在相同的时间内传递较多的信息，反之则只能传递较少的信息，从而对制造商信息共享效率产生影响。依据以上论述提出以下假设。

H1b：制造商的 IT 设备资源越先进，其共享信息的效率就越高。

5.3.3　IT 技术人员资源对搜集信息和共享信息的影响

企业员工在使用 IT 设备与系统工作时，IT 技术人员是其顺利工作的重要保证。具体而言，对于搜集信息环节来说，渠道部或市场部的使用者大多非计算机专业出身，因此学习使用 Web、数据库、搜索引擎需要一个过程（尤其是一些高级的使用技巧，例如自动网页爬虫系统等）。那么在这个过程中，如果 IT 技术人员具有较丰富的技术知识与经验，就能对使用者提供有效的帮助与指导。如此一来，使用者就能在信息搜集工作中更好地使用 IT 设备与系统，从而提高信息搜集的效率。例如，企业为增强渠道控制力，往往需要掌握某地区多家独立分销商的资料以备选择（即降低对某一分销商的依赖）。如果渠道管理人员在使用搜索引擎查找分销商信息时不懂得使用限定词，那么搜索引擎返回的分销商信息就缺乏针对性，需要更多的时间进行人工筛选。而如果 IT 技术人员为其提供搜索引擎使用技巧的培训或技术支持，渠道管理人员就能有效提高搜集上述信息的效率。依据以上论述提出以下假设。

H2a：制造商的 IT 技术人员提供的支持越多，其搜集信息的效率就越高。

另外，对于共享信息环节来说，渠道部或市场部使用者大多不是计算机专业出身，因此学习如何使用 IT 设备与系统进行信息共享需要一个过程（尤其是一些专业系统，例如 SAP、自动在线订货系统等）。在这个过程中，若 IT 技术人员能够为使用者提供有针对性的信息共享方面的支持与帮助，那么使用者学习 IT 知识的过程就会越短，掌握的 IT 专业技能与技巧也就越多。如此一来，使用者借助 IT 设备与系统来共享信息的效率也就越高。例如，市场部员工在没有经过 IT 部门的培训前，可能只会使用简单的 Email、QQ 等非专业软件系统来共享数据和资料，效率较低且缺乏安全性。而 IT 部门在了解渠道管理的具体工作后，有针对性地配置和搭建 Lotus Notes 系统，并对市场部员工进行使用培训，那么他们就能使用更安全和高效的 Lotus Notes 系统来共享数据和资料，从而有效提高其共享信息的效率。依据以上论述提出以下假设。

H2b：制造商的 IT 技术人员提供的支持越多，其共享信息的效率就越高。

5.3.4　搜集信息与共享信息对于渠道权力的影响

如上所述，制造商在 IT 设备与 IT 技术人员的帮助下，可以提高搜集信息（包括知识）的效率，从而获得大量有价值的信息（与知识）。一方面，这些信息（或知识）可以增加制造商对分销商的控制。例如，制造商将自己拥有的信息（或知识）作为奖励送给分销商，帮助其提高利润（或降低成本）；也可以收回这些信息作为惩罚，令其面临损失。制造商借此就能有效增强其对分销商的控制。另一方面，这些信息也有助于降低制造商自身对分销商的依赖，从而降低对方对己方的渠道权力。例如，在选择渠道分销商时，制造商通过搜索引擎能搜索到其他符合要求的分销商，这就能降低对某一家分销商的依赖，从而削弱对方的渠道权力。由以上两个方面的分析提出以下假设。

H3a：制造商搜集信息效率越高，其渠道权力就越大。

另一方面，制造商借助 IT 设备与 IT 技术人员，可以提高共享信息的效率，从而提高企业内部信息的整合程度。整合程度提高之后，就能增强不同部门之间信息的联系，从而更容易获得更深入更有价值的信息（或知识）。具体而言，制造商通过云存储技术可以随时随地、跨越平台地进行信息共享与交换（例如在台式机与手机间共享销售报表）；通过数据中心技术在企业内部不同部门间快速共享关于某一商品的不同信息（例如某一商品的设计资料、原材料价格与运费、历史销售记录等）；使用 ERP 系统在企业内快速共享信息（如研发部通过 SAP 系统将某一技术问题的解决方案快速共享给市场、售后、企业战略等部门）。

而信息在不同部门、不同个人之间的分布往往是不均匀的。如果制造商内部共享信息的效率比较高，那么信息在这些部门之间就能充分流动，从而提高信息的整合水平，增强信息之间的联系。也就是说，原本孤立的信息整合成为一体后，增强了彼此的联系，从而更容易挖掘出有价值的信息。而这些信息，或者可以增加制造商对分销商的控制力（作为奖励或惩罚），或者降低对分销商的依赖，从而帮助制造商对分销商形成更大的渠道权力。依据以上论述提出以下假设。

H3b：制造商共享信息效率越高，其渠道权力就越大。

5.4 研究方法

本研究首先采用 PLS 对量表的效度与信度进行检验，然后再进行假设检验。

采用 PLS 主要出于以下三个方面的原因：第一，PLS 不要求样本的分布具有正态性。第二，PLS 对样本量的要求不高，即使样本量较小，分析结果也不会产生太大偏差。第三，PLS 还比较适合进行比较复杂的变量关系检验，能够有效降低不确定性和误差。下面，本研究采用 SmartPLS（版本 2.0），先评价测量模型（measurement model）的信度和效度，然后使用结构模型（structural model）来检验提出的假设。

5.4.1 数据收集

本研究以制造商的 IT 资源与渠道权力的关系为研究对象，以制造商市场部或渠道部的负责人为调查对象。问卷通过实地和 Email 两种形式发放，调查对象分布于西安、北京、深圳、郑州、上海等城市，包括大型国有、外资、合资等多种类型的企业。其中实地发放 50 份，回收 42 份，Email 发放 100 份，回收 80 份。剔除掉不完整和有明显错误的不合格问卷 23 份，最后得到有效问卷 99 份，有效回收率为 66%。样本中企业分布行业、企业性质、规模、与分销商合作时间以及行业中所处地位如表 5-1 所示。

表5-1 样本统计

项目	选项	比例	项目	选项	比例
所在行业	电子电气	27.3%	企业规模	100人以下	13.1%
	机械制造	27.3%		100~499人	27.3%
	其他制造	10.1%		500~999人	18.2%
	服务	17.2%		1000人以上	41.4%
	纺织服装	6.1%	合作时间	不到1年	4.0%
	食品、快消品	8.1%		1~3年	22.2%
	建筑建材	4.0%		3~5年	31.3%
企业性质	国有	24.2%		5年以上	42.4%
	合资	21.2%	所处地位	有绝对优势	4.0%
	集体	26.3%		有较大优势	50.5%
	民营	25.3%		有一定优势	35.4%
	外商独资	3.0%		无优势	10.1%

5.4.2 测量

调查问卷一共 8 页长，认真填完大约需要 30～40 分钟。问卷第一部分是制造商的基本信息，如公司所属行业、公司性质和规模等。问卷第二部分由测量量表组成。这里只给出涉及本研究的几个变量的测量量表，即制造商的 IT 设备资源、IT 技术人员资源、搜集信息、共享信息以及渠道权力。这些量表均来源于以往研究。不过，考虑到调查对象大都非计算机专业出身，所以在设计 IT 设备资源和 IT 技术人员资源这两个量表时，选择了一些不需要太多计算机专业知识的题项进行了中英双翻以保持意思不变。按照要求，调查对象通过对每一题项（见表 5-2）从 1～5（5=完全同意，1=完全不同意，其他为中间状态）打分的方法表达自己的认识或态度。

表 5-2 变量和相关题项来源

变量	题项	参考量表	参数
IT设备资源（ITSP）	ITSP1：我们公司计算机设备的性能令人满意（例如数据处理速度快，打开程序速度快） ITSP2：我们公司所有外部分支机构和临时外出人员都可以通过网络方便地连接到公司总部的中央办公系统 ITSP3：我们公司拥有企业级应用软件系统（例如Lotus Notes） ITSP4：在我们公司，软件的更新与升级很及时（例如Windows、杀毒软件等）	Byrd和Turner（2000）	CR=0.84 α=0.75 AVE=0.60
IT技术人员资源（ITPP）	ITPP1：在我们有需要时，公司的IT技术人员能够给予我们技术上的指导和帮助 ITPP2：我们公司的IT技术人员了解我们所处的商业环境 ITPP3：我们公司的IT技术人员能够根据我们业务上存在的问题来制定相应的技术解决方案	Byrd和Turner（2000）	CR=0.87 α=0.77 AVE=0.69
搜集信息（INFOACQ）	INFOACQ1：我们公司善于通过IT系统来收集和分析产品、顾客等相关市场信息 INFOACQ2：在日常工作中，我们公司善于通过IT系统获得更多有价值的信息（例如客户需求的动向、原材料价格变动等） INFOACQ3：我们定期搜集有关于客户意向的信息	Tippins和Sohi（2003）	CR=0.83 α=0.69 AVE=0.62
共享信息（INFOSHR）	INFOSHR1：在公司内，我们共享信息 INFOSHR2：在我们公司内，急需信息的人总是能很容易获得他们想要的信息 INFOSHR3：一旦某部门获得了重要信息，那他们总是将信息传递给其他部门 INFOSHR4：各种信息随时都可以提供给公司内各个部门	Tippins和Sohi（2003）	CR=0.87 α=0.81 AVE=0.64
渠道权力（POW）	POW1：如果贵公司要求增加（或减少）产品订货，你认为分销商响应的程度是多少 POW2：如果贵公司要求分销商改变市场策略，你认为分销商可能改变的程度是多少 POW3：如果贵公司要求分销商改变售后服务方式，你认为分销商可能改变的程度是多少 POW4：如果贵公司要求分销商提高或降低某产品的市场价格，你认为分销商可能响应的程度是多少	Zhuang和Zhou（2004）	CR=0.86 α=0.78 AVE=0.61

量表信度如表 5-2 所示。除了测量搜集信息的量表 α 值为 0.69，其余均大于 0.7。组合信度上，五个量表均大于 0.8。因子载荷方面，表 5-3 中除了 POW 的第四个测量题项稍低（0.56）外，其余测量题项均大于等于 0.7，而且交叉因子载荷也接近或超过 0.3。上述指标显示，测量量表的信度在可接受的范围之内。

下面对量表的效度进行检验。表 5-2 中五个量表的 AVE 值均大于等于 0.6，表 5-4 中五个变量的 AVE 值的平方根均大于变量之间的相关系数，这表明上述测量量表具有较好的区分效度与聚敛效度。

表5-3 各变量的因子载荷

题项	变量				
	ITSP	ITPP	INFOACQ	INFOSHR	POW
ITSP1	0.66				
ITSP2	0.71				
ITSP3	0.80				
ITSP4	0.84				
ITPP1		0.76			
ITPP2		0.86			
ITPP3		0.86			
INFOACQ1			0.79		
INFOACQ2			0.86		
INFOACQ3			0.70		
INFOSHR1				0.78	
INFOSHR2				0.79	
INFOSHR3				0.86	
INFOSHR4				0.75	
POW1					0.82
POW2					0.84
POW3					0.87
POW4					0.56

注：表中未给出的因子载荷均低于 0.5。

表5-4 变量的相关系数矩阵

变量	ITSP	ITPP	INFOACQ	INFOSHR	POW
ITSP	**0.77**				
ITPP	0.68	**0.83**			
INFOACQ	0.73	0.71	**0.79**		
INFOSHR	0.26	0.41	0.37	**0.80**	
POW	0.28	0.36	0.45	0.35	**0.78**

注：变量相关矩阵的对角线是 AVE 的平方根。

5.4.3 数据分析

本研究采用 SmartPLS 当中的结构模型来检验提出的假设。通过 bootstrapping 方法迭代 800 次，表 5-5 给出路径系数、t 值及自变量对因变量的解释度 R^2 值。

表5-5 路径关系检验结果

路径关系	路径系数	t值	R^2值
H1a：ITSP→INFOACQ	0.46[①]	10.97	0.62
H2a：ITPP→INFOACQ	0.39[①]	9.10	0.62
H1b：ITSP→INFOSHR	−0.03	0.30	0.17
H2b：ITPP→INFOSHR	0.43[①]	6.31	0.17
H3a：INFOACQ→POW	0.37[①]	5.44	0.24
H3b：INFOSHR→POW	0.21[①]	3.46	0.24

①表示 $P<0.001$。

从表 5-5 可以看出，制造商 IT 设备资源（ITSP）对其搜集信息（INFOACQ）有着显著的正向影响（$P<0.001$），因此假设 H1a 得到数据支持；制造商 IT 技术人员资源（ITPP）对其搜集信息也存在显著正向影响（$P<0.001$），假设 H2a 也得到数据支持。与此同时，制造商 IT 设备资源对其共享信息（INFOSHR）没有显著影响（$P>0.05$），因此假设 H1b 未通过假设检验；制造商 IT 技术人员资源对其共享信息存在显著的正向影响（$P<0.001$），因此假设 H2b 获得数据支持。最后，制造商搜集信息和共享信息对其渠道权力（POW）都有显著的正向影响（$P<0.001$），因此假设 H3a 和 H3b 均通过假设检验。最后，制造商 IT 设备资源与 IT

技术人员资源对其搜集信息的解释度为 0.62，对共享信息的解释度为 0.17。而制造商搜集信息与共享信息对其渠道权力的解释度为 0.24。

5.5 讨论与结论

本研究以 RBV 理论为基础，结合渠道权力理论与研究，通过问卷收集的数据实证地研究了企业的 IT 资源对其信息管理的两个过程（共享信息和搜集信息）的影响，以及对其渠道权力的影响。共检验了 6 个假设，除了 H1b 假设被拒绝外，其余 5 个假设均在一定程度上得到了数据的支持。研究发现，第一，制造商的 IT 设备资源对其搜集信息的效率有正向影响，但对共享信息的效率没有显著影响。第二，制造商的 IT 技术人员资源对其搜集信息与共享信息的效率均有正向影响。第三，制造商搜集信息和共享信息的效率对其渠道权力有正向的影响。

5.5.1 IT 设备资源对信息获取和信息共享的不同作用

H1a 通过假设检验但 H1b 被拒绝，即制造商 IT 设备与系统的先进性会提高其搜集信息的效率，但无法显著提高其共享信息的效率。造成这一差异的原因可能是：搜集信息与共享信息对于 IT 设备与系统的性能要求存在一定差异。具体而言，在制造商的日常工作中，需要共享的信息主要以各种电子化的报表、文档、日志、图片等文件为主。而这些类型文件的体积相对较小。对其进行压缩、编码、解码、传输并不需要 IT 设备与系统有很高的性能，因此性能较低的 IT 设备与系统也能满足制造商对信息共享的要求。也就是说，即使 IT 设备与系统的性能不够强，其也能满足共享信息对性能的要求。这就意味着，制造商即使购买了性能更好的 IT 设备与系统，其对于共享信息效率的提升也是非常有限的。相比而言，信息搜索需要在海量数据中进行计算、查找、对比等操作，计算量较大，因此 IT 设备与系统的性能对于信息搜集的效率有很大影响。如此一来，如果制造商购入的 IT 设备与系统性能越好，对搜集信息效率的提升也就越明显。

5.5.2 两类 IT 资源对渠道权力的不同影响

H3a 和 H3b 都通过了假设检验，即制造商搜集信息和共享信息都对其渠道权力有显著正向影响。与此同时，H1a、H2a 和 H2b 也通过了假设检验，所以制造商增加 IT 设备资源和 IT 技术人员资源的投入都可以提高其渠道权力。其中，IT 设备资源→搜集信息→渠道权力这条影响途径的效果为 0.46×0.37=0.17，而 IT 技术人员资源→搜集信息→渠道权力这条影响途径的效果为 0.39×0.37=0.14，IT 技术人员资源→共享信息→渠道权力这条影响途径的效果为 0.43×0.21=0.09。总而言之，制造商的 IT 设备资源和 IT 技术人员资源都可以通过搜集信息与共享信息，间接地对其渠道权力产生正向的影响。

5.5.3 理论贡献与实际应用

对于信息系统领域而言，之前研究主要集中在 IT 对企业绩效或竞争优势产生影响的中间环节，例如组织柔性、吸收能力和供应链柔性、客户服务的柔性、组织能力等。而对于 IT 与渠道权力之间的关系还缺乏研究，更缺乏对其中间过程的探讨与分析。而本研究则在一定程度上弥补了上述不足，推进了 IT 与企业绩效和竞争优势之间关系的研究，丰富了 IT 资源的相关研究。之前渠道权力相关研究主要集中在权力与依赖、权力与权力使用（或影响策略）、影响权力使用的因素以及权力使用的结果这些方面，未发现有研究关注 IT 对渠道权力所产生的影响。而本研究则将 IT 相关概念引入渠道权力领域，用以解释 IT 给企业渠道权力所产生的影响，有助于渠道权力相关理论在信息技术革命这一背景下的发展。

在实践方面，本研究结论对制造商借助 IT 增强自身渠道权力时有这样两个启示。第一，制造商对 IT 设备与系统进行投资可以提高其搜集信息的效率，这将有助于增强企业的渠道权力；但是，IT 设备与系统对共享信息的效率没有显著影响，从而无法增强企业渠道权力。第二，制造商 IT 技术人员所提供的技术支持与指导，不但有助于提高企业搜集信息的效率，也有助于提高其共享信息的效率，而这两方面都能增强企业的渠道权力。

本研究存在这样两个不足，第一，本研究以市场部或渠道部负责人为调查对象，这些被调查者大多数非计算机专业出身，因而影响其对于 IT 资源描述的准确性。第二，研究方法上，截面数据并不能很好地检验因果关系，因此今后研究中可以考虑采用纵向跟踪研究的方法来进一步检验 IT 资源对于渠道权力的影响。

参考文献

梁强，林丹明，曾楚宏，2011. 组织学习在信息技术应用中的作用分析 [J]. 管理评论 (4)：105-114.

彭建平，2012. IT 应用对企业绩效的影响：直接作用还是间接作用?[J]. 管理评论 (9)：111-118+169.

张涛，2011. 权力、关系与合同：IT 能力通过渠道控制机制对渠道投机行为的抑制作用研究 [D]. 西安：西安交通大学.

张涛，庄贵军，2014. 企业 IT 能力对营销渠道控制机制的影响：基于 RBV 理论的一个研究框架 [J]. 营销科学学报，35(1)：67-80.

张涛，庄贵军，2015. IT 能力、渠道关系治理行为与渠道满意：分销商投机氛围的权变影响 [J]. 管理评论 (7)：116-126.

庄贵军，席西民，2004. 中国营销渠道中私人关系对渠道权力使用的影响 [J]. 管理科学学报 (6)：52-62.

庄贵军，徐文，周筱莲，2008. 关系营销导向对企业使用渠道权力的影响 [J]. 管理科学学报 (3)：114-124.

Aral S, Brynjolfsson E, Alstyne M V, 2012. Information, technology, and information worker productivity[J]. Information Systems Research, 23: 849-867.

Baets W R, 1998. Organization learning and knowledge technologies in a dynamic environment[M].Springer Verlag, USA.

Barney J B, 1991. Firm resources and sustained competitive advantage[J]. Journal of Management, 17(1): 99-120.

Bharadwaj A S, 2000. A resource-based perspective on information technology capability and firm performance: An empirical investigation[J]. MIS Quarterly, 24（1）: 169-196.

Byrd T A, Turner D E, 2000. Measuring the flexibility of information technology infrastructure: Exploratory analysis of a construct[J]. Journal of Management

Information Systems, 17 (1): 167-208.

Chakravarty A, Grewal R, Sambamurthy V, 2013. Information technology competencies, organizational agility, and firm performance: Enabling and facilitating roles[J]. Information Systems Research, 24 (4): 976-997.

Frazier G L, Rody R C, 1991. The Use of influence strategies in interfirm relationships in industrial product channels[J]. Journal of Marketing, 55 (1): 52-69.

French J R P, Jr Raven B, 1959. The bases of social power In Studies in social power[M]. USA: University of Michigan.

Handley S M, Jr Benton W C, 2012. The influence of exchange hazards and power on opportunism in outsourcing relationships[J]. Journal of Operations Management, 30 (1-2): 55-68.

Hopkinson G C, Blois K, 2014. Power-base research in marketing channels: A narrative review[J]. International Journal of Management Reviews, 16(2): 131-149.

Huber G P, 1991. Organizational learning: The contributing processes and the literatures[J]. Organization science, 2(1): 88-115.

Lee D Y, 2001. Power, conflict, and satisfaction in IJV supplier of Chinese distributor channels[J]. Journal of Business Research, 52(2): 149-160.

Liu H, Ke W, Wei K K, et al, 2013. The impact of IT capabilities on firm performance: The mediating roles of absorptive capacity and supply chain agility[J]. Decision Support Systems, 54(3): 1452-1462.

Melville N, Kraemer K, Gurbaxani V, 2004. Information technology and organizational performance: An integrative model of IT business value[J]. MIS Quarterly, 28(2): 283-322.

Mithas S, Ramasubbu N, Sambamurthy V, 2011. How information management capability influences firm performance[J]. MIS Quarterly, 35(1): 237-256.

Mithas S, Tafti A, Bardhan I, et al, 2012. Information technology and firm profitability: mechanisms and empirical evidence[J]. MIS Quarterly, 36(1): 205-224.

Otim S, Dow K, Grover V, Wong J, 2012. The impact of information technology investments on downside risk of the firm: Alternative measurement of the business value of IT[J]. Journal of Management Information Systems, 29(1): 159-194.

Roberts N, Grover V, 2012. Leveraging information technology infrastructure to facilitate a firm's customer agility and competitive activity: An empirical investigation[J]. Journal of Management Information Systems, 28(4): 231-270.

Sinkula J M, 1994. Market information processing and organizational learning[J]. Journal of Marketing, 58(1): 35-45.

Skinner S J, Donnelly J H, Ivancevich J M, 1987. Effects of transactional form on environmental linkages and power-dependence relations[J]. Academy of Management Journal, 30(3): 577-588.

Slater S F, Narver J C, 1994. Does competitive environment moderate the market orientation-performance relationship?[J]. Journal of Marketing, 58(1): 46-55.

Stern L W, El-Ansary A I, 1992. Marketing channels (4th edition)[M]. New Jersey: Prentice Hall Inc.

Tippins M J, Sohi R S, 2003. IT competency and firm performance: Is organizational learning a missing link[J]. Strategic Management Journal, 24(8): 745-761.

Wiengarten F, Humphreys P, McKittrick A, et al, 2013. Investigating the impact of e-business applications on supply chain collaboration in the German automotive industry[J]. International Journal of Operations & Production Management, 33(1): 25-48.

Wilson A, 2011. Marketing research: An integrated approach (3rd edition)[M]. New Jersey: Prentice Hall.

Wong C W Y, Lai K, Cheng T C E, 2011. Value of information integration to supply chain management: Roles of internal and external contingencies[J]. Journal of Management Information Systems, 28(3): 161-200.

Yadav M S, Pavlou P A, 2013. Marketing in computer-mediated environments: Research synthesis and new directions[J]. Journal of Marketing, 78(1), 20-40.

Zhuang G, Herndon N C, Zhou N, 2014. Deterrence or conflict spiral effect? Exercise of coercive power in marketing channels: Evidence from china[J]. Journal of Business-to-Business Marketing, 21(3): 187-207.

Zhuang G, Xi Y, Tsang A S L, 2010. Power, conflict, and cooperation: The impact of guanxi in Chinese marketing channels[J]. Industrial Marketing Management, 39(1): 137-149.

Zhuang G, Zhou N, 2004. The relationship between power and dependence in marketing channels: A Chinese perspective[J]. European Journal of Marketing, 38(5/6): 675-693.

6

基于信息技术的跨组织合作：
合作伙伴投机氛围的权变影响

6.1 研究问题与意义

随着信息技术的快速发展和广泛应用，IT已经逐渐成为企业提高跨组织管理效率的有力武器（Im和Rai，2013；Rai等，2012；Wiengarten等，2013；谷文辉和赵晶，2009；员巧云和程刚，2009）。有研究发现，企业通过IT可以提高其跨组织关系治理行为的效率，从而有效降低合作伙伴机会主义（李苗，2013；张涛等，2009，2010）。但在实际中，一方面企业出于监控的难度及监管成本等原因，并不一定会主动抑制合作伙伴投机行为；另一方面，合作伙伴也需要顾忌和遵守本行业或市场内所形成的，某些关于投机的，正式或非正式的规范、规则或约定，否则就会受到同行的排挤。因此结合这两方面来看，合作伙伴机会主义并不是企业跨组织关系治理的必然目的，而更接近于一种情景因素，即投机氛围。

权变理论认为，管理活动中不存在适用于任何情景的原则与方法，企业需要根据不同情景而采取不同的管理策略（Hofer，1975）。从这个角度来看，在不同的合作伙伴投机氛围中，企业借助IT来促进关系治理，由此提高跨组织合作满意的途径与方式也应是不同的。不过，研究者对此还缺乏关注。具体来说，虽然对投机行为的研究已经非常丰富，但已有研究的出发点都是抑制或降低合作伙伴投机，并未将其作为一种情景因素来进行分析。更没有研究回答在不同的合作伙伴投机氛围下，IT的不同维度对企业跨组织关系治理行为会有什么不同的影响，对跨组织合作满意会有什么不同的影响。这一不足就为本研究提供了研究机会。通过本研究，一方面研究者可以了解和认识合作伙伴投机的情景化的属性，另一方面也能了解在不同的合作伙伴投机情景中，IT的不同维度对企业跨组织关系治理行为和对跨组织合作满意的不同影响。除此之外，在实践上，本研究可以帮助企业更深刻地了解IT在跨组织关系治理中的作用和意义，在面对不同的合作伙伴投机氛围时，可以制定更有针对性的IT策略与跨组织关系治理策略，从而获得更好的跨组织合作满意程度。

6.2 文献回顾与理论

6.2.1 合作伙伴机会主义与投机氛围

跨组织合作中机会主义指一方的实际行为与合约所规定的不一致，通常表现为一方以牺牲其他合作伙伴的利益为代价，为己方谋取私利的行为（Wathne 和 Heide，2000；庄贵军等，2008a；庄贵军等，2008b）。Hawkins 等（2008）与 Crosno 和 Dahlstrom（2008）对相关研究进行了回顾，总结出影响跨组织合作中对方机会主义的因素有本方对对方的专有资产投入、环境不确定性、本方决策的集权与监督程度、管理的规范化和协调水平、关系规范和满意等；而影响跨组织合作中本方投机行为的因素有对方的集权程度、协调、关系规范等。

总的来说，以往研究的目标大都是怎样抑制和降低跨组织合作中机会主义。然而在实际中，跨组织合作中机会主义往往并非企业控制渠道的目的。这是因为，第一，跨组织合作中双方分属不同利益主体（Pelton 等，1997），导致合作伙伴具有追求自身利益最大化的内在动机；第二，跨组织合作中信息不对称通常比较严重，企业监控的成本和难度都比较高，导致企业实施监控的意愿并不强烈。出于这两方面的原因，企业一般不会以降低合作伙伴机会主义为目标来实施跨组织治理，而会以获得跨组织合作满意为目标（如较高的响应速度、经营利润和出货量等）。也就是说，即使合作伙伴机会主义比较严重，但只要跨组织合作的收益高于合作伙伴机会主义造成的损失，其也就会在一定程度上容忍合作伙伴的机会主义而并不刻意去抑制。

实际中企业为了尽可能地扩大市场占有率与覆盖率，往往会采取选择分销策略。这就意味着企业在构建供应链或渠道时会形成一个供应商或分销商群体。而在这个群体中的成员之间虽然是竞争关系，却都会受制于该群体所共有的、对于机会主义比较一致的认知（例如行规），例如某些行业会有一个月的货款周期。这种比较一致的认知或看法就会形成制度压力。具体来说，从制度理论的视角来看，这些成员会形成一个场域，而新成员为了能进入这一场域就必须获得该场域的合法性（DiMaggio 和 Powell，1983），即一个新成员必须遵守本行业或市场内通行的、正式与非正式的规范、约定或制度，否则就无法获得该市场或行业内的合法性，从而无法展开经营，严重的甚至被排挤出去。正是由于这个原因，使得场域内的成员会形成相近的投机认知，也会采取类似的投机行为模式（这样才能获得该场域合法性）。从这个角度来看，这些成员的机会主义更接近于一种企业跨组织关系治理的情景因素或环境因素，即投机氛围。

根据 Suchman（1995）的观点，场域中的合法性分为实用合法性、规范合法性和认知合法性。对于合作伙伴群体来说，规范合法性（即行规）有着重要的意义，起到了规范和控制成员行为的作用。尤其是在投机方面，每个成员都要遵守本群体关于投机的规范，比如扣下一定数额作为回扣而并不在合同条款中说明，不得单独与企业签订独家代理协议等。即使该场域中的某个成员不愿意这么做，其也不会轻易违反这些通行规范，否则就有可能被同行排挤。这样一来，这些对于投机的共同认知、通行的规范、行为模式等就形成了一个行业或某个市场中合作伙伴的投机氛围。

不同场域内的投机氛围是有差异的，这种差异因行业、地区、市场发育程度等因素的不同而不同。例如在相对比较稳定和成熟的市场中，商业模式、交易方式、合同条款等市场规范或标准，经过长期的竞争、诉讼、冲突、和解等过程，已经发展和演化得比较成熟与完善，因此企业的合作伙伴投机氛围就会比较淡薄。相比而言，在一些新兴行业或者市场中，市场竞争比较激烈，环境变化迅速，市场中尚未形成稳定与成熟的市场规范或标准，因此在这种情况下企业的合作伙伴投机氛围就会比较浓厚。

6.2.2 跨组织关系治理

跨组织情景下的企业治理有两种极端的方式——市场治理（market）和层级治理（hierarchy）（Williamson，1993），利用关系规范进行渠道治理是介于两者之间的一种方式（Rindfleisch 和 Heide，1997）。不过研究者对于关系治理内涵的界定并不一致。Heide 和 John（1992）将关系治理定义为跨组织合作的双方通过信任、承诺、合作以及联合解决问题等关系规范和联合行动来保护企业的专有资产，维持渠道中的合作关系的一种方式。庄贵军等（2008a，2008b）则将关系治理定义为渠道双方在一定的关系基础上，利用关系规范进行渠道控制的方式，依赖双方的互信、承诺和感情等关系规范来促进合作并防止渠道合作中可能会发生的投机行为。

通过对以往跨组织关系治理研究整理不难发现，虽然研究者均以关系规范为主要研究对象，但在具体研究设计与论述过程中，均以关系行为或关系状态为中介，例如 Lai 等（2011）与 Zhou 和 Xu（2012）。换言之，研究者是通过分析双方的关系互动行为或关系状态来反映关系规范的作用（即关系规范隐含于具体的行为或者状态之中），并不能直接对关系规范进行观察与研究（Zhuang 等，2010）。因此在本研究中，关系治理特指关系治理行为，即企业利用关系规范，通过关系行为来进行渠道控制的方式，以此来促进双方的渠道合作。而根据 Claro 等（2003）、庄贵军等（2008a）、张涛等（2010）的观点，关系治理行为主要体现在合作双方的联合行动（joint action），包括事前的共同制订计划（joint planning）和事后的共同解决问题（joint problem solving）。前者跨组织合作中双方针对未来可能发生的事件及后果进行讨论与协商，根据预测制定应对措施，明确彼此应该承担的责任和义务的行为；后者指跨组织合作中双方针对渠道合作中出现的问题进行讨论与协商，并提出方案着手解决问题的行为。

6.2.3 企业 IT 能力

根据 RBV 理论（resource-based view）的观点，由于计算机、服务器、ERP、Autodesk 等 IT 软硬件资源，以及企业 IT 部门、程序员、管理员等 IT 人员资源都可以通过市场交换获得，容易被模仿，因此并不能直接为企业带来持续竞争优势。只有将 IT 与企业其他资源、能力或流程进行整合与集成，为其提供有价值的支持与帮助，IT 才能成为企业长期竞争优势的来源，即形成 IT 能力（刘丽和夏远强，2009；彭建平，2012）。

不过目前研究者对 IT 能力的定义还存在不同看法。例如 Liu 等（2013）将 IT 能力定义为基于灵活的 IT 架构之上的 IT 应用以及将其应用于商业流程之中的能力。而 Im 和 Rai（2013）则认为 IT 能力是一种能均衡组织间关系的协调能力。在 IT 能力的划分上也存在不同意见，如 Byrd 和 Turner（2000）认为 IT 技术架构和 IT 人力资源是组成 IT 能力的两个主要方面，Wade 和 Hulland（2004）则认为 IT 能力包括 IT 技术设施、IT 技术技能、IT 开发和运作等几个方面，Liu 等（2013）则认为 IT 能力包括 IT 基础架构与 IT 吸收能力这两个方面。

总的来说，IT 能力可被定义为，IT 在多大程度上为企业获得竞争优势提供支持与帮助。其包含物与人两个方面的因素，其中物的因素以计算机、服务器、路由器、交换机等硬件，以及 SAP、ERP、Lotus Notes 等应用软件为代表（即 IT 设备水平），这一类因素可以提高企业业务流程的效率。而人的因素主要是 IT 人员的知识、技能以及在实际工作中为企业提供 IT 指导与帮助的能力（即 IT 人员支持），这一类因素可以为企业提供个性化的支持与指导，为其设计有针对性的解决方案，帮助企业应对各种新问题与意外情况（Bharadwaj，2000；Hitt 和 Brynjolfsson，1996；Melville，2004）。

6.3 模型与假设

6.3.1 合作伙伴投机氛围浓厚的情景中企业 IT 能力的影响

在合作伙伴投机氛围比较浓厚的情景中，企业需要面临更多由合作伙伴制造的各种意外与突发事件。因此，企业在与合作伙伴共同制订计划时，更倾向于将各种情况都纳入计划之内并预先制订预案，由此来最大程度地降低不确定性和风险。而在计划执行过程中，企业也更倾向于在合作伙伴制造各种意外和突发事件后，能及时、快速地响应，并有针对性地提出解决方案，由此来降低合作伙伴投机所带来的损失。

相比 IT 设备来说，IT 人员由于具有判断能力，就更能帮助企业达到上述两个目的。具体来说，对于渠道管理工作而言，IT 设备主要作用体现在提高企业日常周期性、重复性或流程性的管理效率，提高企业的管理自动化水平。但在面对突发事件或新出现的问题时，IT设备缺乏像人一样的分析、思考和判断能力；相比而言，IT人员则可以对其进行分析和判断。也就是说，IT人员的价值主要体现在技术经验与知识，以及分析与判断能力上，而非效率。因此，在较浓厚的合作伙伴投机氛围中，企业凭借IT人员的支持，就可以在计划制订过程中对合作伙伴的各种行为，以及由其制造的各种意外进行信息搜集，然后对其意图进行判断，从而更有针对性地制订计划细则。这样一来，企业就能在计划制订过程中占据主动。而在计划执行过程中，企业也能在IT人员的帮助下，更迅速地对合作伙伴计划执行过程进行分析，尽早发现其投机的意图并制订应对预案，从而尽可能降低自身的损失。由此提出以下假设。

H1a：在合作伙伴投机氛围比较浓厚的情景中，企业IT人员支持对于双方共同制订计划的正向影响，要强于企业IT设备水平。

H1b：在合作伙伴投机氛围比较浓厚的情景中，企业IT人员支持对于双方共同解决问题的正向影响，要强于企业IT设备水平。

6.3.2　合作伙伴投机氛围淡薄的情景中企业IT能力的影响

在合作伙伴投机氛围比较淡薄的情景中，合作伙伴制造的意外会比较少。也就是说，合作伙伴不太会为了投机而故意制造意外事件和突发情况。如此一来，企业在与合作伙伴事先共同制订计划的时候就相对简单，并不需要特别制订全面细致的计划（甚至只需要按照以往惯例制订计划即可）。而在事后，即在计划执行过程中，合作伙伴也会倾向于按照当初的约定来执行，并不会主动地制造麻烦，因此企业并不需要准备各种预案来应对突发和意外事件。此时，相比控制计划的风险而言，企业对于计划制订与执行的效率更加重视。

而根据上一节的分析，IT人员适合于在企业处理突发事件，解决新问题时发挥较为明显的作用，IT设备则更适合于提高企业周期性、重复性和流程性的工作效率。因此在合作伙伴投机氛围比较淡薄的情景中，相比IT人员而言，IT设备能更好地实现效率的提升。也就是说，计算机性能越好，软件越先进，则自动处理文件或报表，自动分析数据的速度就越快；而网络带宽越高，则传递数据、共享文件或报表的速度就越快。因此，在较淡薄的合作伙伴投机氛围中，企业凭借IT设备的支持，就能加快与合作伙伴制订计划的效率（有时甚至只需要双方确认以往的计划条款即可）。在计划执行过程中，企业也能在IT设备的帮助下，提高与合作伙伴周期性或重复性的工作效率。由此提出以下假设。

H2a：在合作伙伴投机氛围比较淡薄的情景中，企业IT设备水平对于双方共同制订计划的正向影响，要强于企业IT人员支持对其产生的正向影响。

H2b：在合作伙伴投机氛围比较淡薄的情景中，企业IT设备水平对于双方共同解决问题的正向影响，要强于企业IT人员支持对其产生的正向影响。

6.3.3 不同合作伙伴投机氛围中企业关系治理行为对其渠道满意的影响

在合作伙伴投机氛围比较浓厚的市场中，如果双方经常共同制订细致的计划，尽可能地为各种突发事件和意外情况制订预案，则双方对计划的执行结果就越有把握，从而渠道满意越高。相应的，由于合作伙伴投机氛围较浓厚，那么企业对于计划执行过程中所出现的突发事件和意外早有预料，也就是说对于发生意外事件并不感到意外与不满，因此双方经常共同解决问题并不会对渠道满意产生显著的影响。

相比而言，在合作伙伴投机氛围比较淡薄的市场中，由于合作伙伴不太会故意制造麻烦与意外事件，所以企业对于计划的制订过程比较有信心。那么企业就并不会倾向于制订全面详细的计划。相比而言，由于合作伙伴投机氛围较淡，一旦在计划执行过程中发生意外事件，企业也不太会认为是由于合作伙伴投机所致。此时只要合作伙伴与企业展开合作，双方携手共同面对和解决这些问题，就有助于计划的顺利实施，从而获得较高的渠道满意。由此提出以下假设。

H3a：在合作伙伴投机氛围比较浓厚的情景中，双方共同制订计划对于企业渠道满意的正向影响，要强于双方共同解决问题对其产生的正向影响。

H3b：在合作伙伴投机氛围比较淡薄的情景中，双方共同解决问题对于企业渠道满意的正向影响，要强于双方共同制订计划对其产生的正向影响。

6.4 研究方法

6.4.1 数据收集与样本

本研究以国内制造商与分销商的供应链关系为研究对象，以制造商市场部或渠道部的负责人为调查对象。问卷通过实地和 E-mail 两种形式发放，调查对象分布于西安、北京、深圳、郑州、上海等城市，包括大型国有、外资、合资等多种类型的制造商。其中实地发放 150 份，回收 132 份，E-mail 发放 100 份，回收 83 份。剔除不合格问卷 23 份，最后得到有效问卷 192 份，有效回收率为 77%。对数据进行双样本 t 检验，实地和 E-mail 两个样本的数据无显著性差异（$P>0.05$），说明数据收集渠道的差异对两部分数据没有显著影响，可以将其合并在一起进行分析。

6.4.2 变量指标与测量

调查问卷一共 3 页长，认真填完大约需要 20 分钟。问卷由两部分组成，前一部分是有关制造商基本信息的内容，如公司所属行业、公司性质和规模等。后一部分由 5 个量表组成，分别测量制造商的 IT 设备水平、制造商的 IT 人员支持、共同制订计划、共同解决问题、分销商投机氛围。这些量表均在此前的研究中被采用过，对其中的题项进行了中英双翻并做了适当的修改，内容不变。其中，跨组织合作满意是通过询问填写者对于供应链整体的投资回报率、经营利润和销售增长率的满意程度来反映。按照要求，被调查者通过从 1～5 对每一个题项打分来表达自己的认识或态度（5= 完全同意，1= 完全不同意，其余为中间状态）。

量表的信度如表 6-1 所示，测量制造商 IT 设备水平和共同解决问题的两个量表信度都超过了 0.7，而测量 IT 人员支持、共同制订计划和渠道投机氛围的三个量表信度都超过了 0.8，这说明本研究所采用的量表具有较高的信度。

表6-1 变量和相关题项来源

变量	题项	α值	来源
IT设备水平（ITSP）	ITSP1：与同行业的竞争对手相比，我们公司拥有先进的计算机设备	0.79	Byrd和Turner（2000）
	ITSP2：我们公司计算机设备的性能令人满意（例如数据处理速度快，打开程序速度快）		
	ITSP3：我们公司的网速令人满意		
IT人员支持（ITPP）	ITPP1：我们公司的IT技术人员能及时更换或维修我们损坏的计算机部件（例如硬盘、内存等）	0.85	Byrd和Turner（2000），Tippins和Sohi（2003）
	ITPP2：除了自己的专业领域，我们公司的IT技术人员还能够提供其他相关领域的支持（例如程序员可以临时承担网络通信的维护）		
	ITPP3：我们公司的IT技术人员经常给我们传授一些能提高计算机系统使用效率的方法与窍门		
	ITPP4：在我们有需要时，公司的IT技术人员能够给予我们技术上的指导和帮助		
	ITPP5：我们公司的IT技术人员能够根据我们业务上存在的问题来制定相应的技术解决方案		
	ITPP6：我们公司的IT技术人员能够根据我们业务的需要自行开发相应软件		
	ITPP7：我们公司的IT技术人员能在我们遇到困难时帮助我们		
共同制订计划（JP）	JP1：我们经常会与该分销商共同讨论下一阶段的产量	0.82	Claro等（2003）
	JP2：我们经常会与该分销商共同计划下一阶段的新产品开发		
	JP3：我们经常会与该分销商共同计划下一阶段的产品种类		
	JP4：该分销商会给我们提供我们产品的销售预测		
共同解决问题（JPS）	JPS1：我们与该分销商经常相互帮助	0.74	Claro等（2003）
	JPS2：我们与该分销商会共同承担责任来把某件事情做好		
	JPS3：我们双方都致力于进一步加强我们之间的关系		
渠道投机氛围（OP）	OP1：该分销商不太诚实	0.90	Jap和Anderson（2003）
	OP2：该分销商为了得到他们想要的利益，经常改变事实		
	OP3：很难与该分销商进行真诚的商谈		
	OP4：该分销商为了他们自己的利益经常违背正式或非正式协议		
	OP5：该分销商经常试图利用我们的合作关系来为其谋取利益		
	OP6：该分销商常常让我们承担额外的责任		
	OP7：该分销商为其利益，常常有意不告知我们应当注意的事项		

下面对量表的结构效度进行检验。这里主要采用 SPSS 对样本做探索性因子分析,通过实际数据来检验量表的效度。结果如表 6-2 所示,样本 KMO 值为 0.78,表明样本适合进行因子分析。探索性因子分析一共析出 6 个特征值大于 1 的因子,方差解释度 70.68%。如表 6-2 所示,大部分题项在其相关变量上的因子载荷都高于 0.6,这表明六个量表的题项在一定程度上都各自聚敛在相应的变量之上,聚敛效度可以接受;此外不同题项的交叉因子载荷均大于或接近 0.3,这表明这些题项的判别效度在可以接受的范围之内。

表6-2 因子矩阵

题项	变量					
	ITSP	ITPP	JP	JPS	OP	SAT
ITSP1	0.85					
ITSP2	0.79					
ITSP3	0.72					
ITPP		0.76				
ITPP		0.74				
ITPP		0.74				
ITPP		0.72				
ITPP		0.65				
ITPP		0.63				
ITPP		0.61				
JP1			0.84			
JP2			0.78			
JP3			0.71			
JP4			0.62			
JPS1				0.73		
JPS2				0.72		
JPS3				0.67		
SAT1					0.84	

续表

题项	变量					
	ITSP	ITPP	JP	JPS	OP	SAT
SAT2					0.84	
SAT3					0.69	
OP1						0.81
OP2						0.80
OP3						0.80
OP4						0.80
OP5						0.76
OP6						0.73
OP7						0.71

注：表中未给出的因子载荷均低于0.5。

本研究将各变量相应题项取平均值后，作为各变量的测量指标。然后以渠道投机行为（OP）的均值（2.551）为分界线将总体样本划分为两个子集。其中OP大于2.551的样本归入合作伙伴投机氛围比较浓厚的子集（样本量111），而OP小于等于2.551的归入合作伙伴投机氛围比较淡薄的子集（样本量81）。两个样本子集中各个变量的均值、方差和变量之间的相关系数如表6-3和表6-4所示。总体样本的相关系数如表6-5所示。

表6-3 合作伙伴投机氛围比较浓厚的样本中各变量的均值、方差和变量之间的相关系数

变量	均值	ITSP	ITPP	JP	JPS	SAT
ITSP	3.67	**0.86**				
ITPP	3.82	0.46②	**0.78**			
JP	3.11	0.18	0.35②	**0.82**		
JPS	2.90	0.16	0.32②	0.51②	**0.75**	
SAT	3.30	0.20①	0.12	0.23①	0.13	**0.65**

① 表示双尾检验中 $P<0.05$。
② 表示双尾检验中 $P<0.01$。
注：变量相关矩阵的对角线是AVE的平方根。

表6-4　合作伙伴投机氛围比较淡薄的样本中各变量的均值、方差和变量之间的相关系数

变量	均值	ITSP	ITPP	JP	JPS	SAT
ITSP	3.47	**0.91**				
ITPP	3.92	0.22[①]	**0.76**			
JP	2.70	0.22	0.28[①]	**0.86**		
JPS	2.88	0.26[①]	0.19	0.37[②]	**0.67**	
SAT	3.79	0.02	0.13	0.21	0.26[①]	**0.68**

① 表示双尾检验中 $P<0.05$。
② 表示双尾检验中 $P<0.01$。
注：变量相关矩阵的对角线是 AVE 的平方根。

表6-5　总体样本各变量的均值、方差和变量之间的相关系数

变量	均值	ITSP	ITPP	JP	JPS	SAT	OP
ITSP	3.59	**0.89**					
ITPP	3.86	0.36[②]	**0.77**				
JP	2.94	0.20[②]	0.32[②]	**0.85**			
JPS	2.89	0.20[②]	0.27[②]	0.46[②]	**0.72**		
SAT	3.51	0.12	0.13	0.22[②]	0.18[①]	**0.66**	
OP	2.55	−0.05	−0.05	−0.03	−0.16[①]	−0.11	**0.82**

① 表示双尾检验中 $P<0.05$。
② 表示双尾检验中 $P<0.01$。
注：变量相关矩阵的对角线是 AVE 的平方根。

6.5　数据分析与假设检验

6.5.1　数据分析

为了检验上面提出的6个假设，下面分别在不同的投机氛围下（high OP 和 low OP），以 JP（共同制订计划）、JPS（共同解决问题）和 SAT（渠道满意）为因变量，以 ITSP（IT 设备水平）、ITPP（IT 人员支持）、JP（共同制订计划）和 JPS（共同解决问题）（根据因变量而定）为自变量，采用多元层次回归法对数据进行分析，结果如表 6-6 和表 6-7 所示。

表6-6 合作伙伴投机氛围比较浓厚情景下多元层次回归分析的结果：标准系数

变量	JP 模型1	JP 模型2	JPS 模型1	JPS 模型2	SAT 模型1	SAT 模型2
公司规模	0.02	−0.01	−0.07	−0.08	0.01	0.01
竞争地位	0.08	0.12	−0.05	−0.02	−0.15①	−0.17
产品供需	−0.15	−0.13	−0.15	−0.14	−0.16	−0.13
合作时长	0.04	0.01	0.16	0.14	0.04	0.05
信任	0.26①	0.26①	0.05	0.05		
长期导向	0.21①	0.12	0.37②	0.31②		
ITSP		−0.01		−0.03	0.12	0.11
ITPP		0.28②		0.20①	0.02	−0.03
JP						0.21①
JPS						−0.07
F值	4.30	4.47	4.40	3.82	1.98	2.01
Ad-R^2	0.15	0.20	0.11	0.17	0.10	0.13

① 表示双尾检验中 $P<0.05$。
② 表示双尾检验中 $P<0.01$。
注：表示在层次回归时，下面一个模型的 Ad-R^2 优于上面一个模型，即下面一个模型相对于上面一个模型 F 值的改进是显著的（$P<0.05$）。

表6-7 合作伙伴投机氛围比较淡薄情景下多元层次回归分析的结果：标准系数

变量	JP 模型1	JP 模型2	JPS 模型1	JPS 模型2	SAT 模型1	SAT 模型2
公司规模	−0.07	−0.11	−0.11	−0.16	0.13	0.17
竞争地位	−0.14	−0.07	−0.15	−0.08	0.23①	0.31②
产品供需	0.35②	0.32②	−0.01	−0.04	−0.08	−0.17
合作时长	0.04	0.03	0.10	0.09	0.10	0.02
信任	0.29①	0.28①	0.39②	0.39②		
长期导向	0.11	0.09	0.16	0.14		
ITSP		0.15		0.20①	0.13	−0.04
ITPP		0.18①		0.07	0.01	0.10

续表

变量	JP		JPS		SAT	
	模型1	模型2	模型1	模型2	模型1	模型2
JP						0.19
JPS						0.24①
F值	4.93	4.68	5.08	4.54	1.27	2.25
Ad-R^2	0.23	0.27	0.23	0.26	0.02	0.10

① 表示双尾检验中 $P<0.05$。
② 表示双尾检验中 $P<0.01$。
注：表示在层次回归时，下面一个模型的 Ad-R^2 优于上面一个模型，即下面一个模型相对于上面一个模型 F 值的改进是显著的（$P<0.05$）。

6.5.2 假设检验结果

首先，在合作伙伴投机氛围比较浓厚的情景中，以 ITSP 和 ITPP 为自变量，以 JP 为因变量来拟合数据，以此检验假设 H1a。结果如表 6-6 所示。其中模型 JP（Ⅱ）中 ITSP 对 JP 没有显著影响，而 ITPP 对其有正向显著影响（$P<0.01$）。相比模型 JP（Ⅰ）而言，增加 ITSP 和 ITPP 后模型解释度增加了 0.050，由此假设 H1a 被接受。以 ITSP 和 ITPP 为自变量，以 JPS 为因变量来拟合数据，以此检验假设 H1b。结果如表 6-6 所示。其中模型 JPS（Ⅱ）中，ITSP 对 JP 没有显著影响，而 ITPP 对其有显著正向影响（$P<0.05$）。相比模型 JPS（Ⅰ）而言，增加 ITSP 和 ITPP 后模型解释度增加了 0.064，由此假设 H1b 被接受。以 JP 和 JPS 为自变量，以 SAT 为因变量来拟合数据，以此检验假设 H3a。结果如表 6-6 所示。其中模型 SAT（Ⅱ）中 JP 对于 SAT 的影响是正向显著（$P<0.05$），而 JPS 对 SAT 没有显著影响。而且 SAT（Ⅱ）比 SAT（Ⅰ）的模型解释度提高了 0.030，由此假设 H3a 被接受。

接下来，在合作伙伴投机氛围比较淡薄的情景中，以 ITSP 和 ITPP 为自变量，以 JP 为因变量来拟合数据，以此检验假设 H2a。结果如表 6-7 所示。其中模型 JP（Ⅱ）中 ITSP 对 JP 没有显著影响，而 ITPP 对其有正向显著影响（$P<0.05$）。相比模型 JP（Ⅰ）而言，增加 ITSP 和 ITPP 后模型解释度增加了 0.042，由此假设 H2a 被拒绝。以 ITSP 和 ITPP 为

自变量，以 JPS 为因变量来拟合数据，以此检验假设 H2b。结果如表 6-7 所示。其中模型 JPS（Ⅱ）中 ITPP 对 JP 没有显著影响，而 ITSP 对其有显著正向影响（$P<0.05$）。相比模型 JPS（Ⅰ）而言，增加 ITSP 和 ITPP 后模型解释度增加了 0.027，由此假设 H2b 被接受。以 JP 和 JPS 为自变量，以 SAT 为因变量来拟合数据，以此检验假设 H3b。结果如表 6-7 所示。其中模型 SAT（Ⅱ）中 JPS 对于 SAT 的影响是正向显著（$P<0.05$），而 JP 对 SAT 没有显著影响。而且 SAT（Ⅱ）比 SAT（Ⅰ）的模型解释度提高了 0.084，由此假设 H3b 被接受。

6.6 讨论与结论

本研究以跨组织关系治理相关研究为基础，结合 RBV 理论和制度理论，通过问卷收集的 192 份数据，实证地分析了在不同的合作伙伴投机氛围下，企业 IT 能力的不同维度对其两种跨组织关系治理行为的不同影响，以及两种跨组织关系治理行为对跨组织合作满意的不同影响。共检验了 6 个假设，除了 H2a 被拒绝外，其余假设均在一定程度上得到了数据的支持。研究发现，第一，在合作伙伴投机氛围比较浓厚的情景中，企业 IT 人员支持比 IT 设备水平更能有效提高双方关系治理行为的效率（即共同制订计划和共同解决问题）。第二，在合作伙伴投机氛围比较浓厚的情景中，双方共同制订计划比共同解决问题更能有效提高渠道满意水平。第三，在合作伙伴投机氛围比较淡薄的情景中，制造商 IT 设备水平比 IT 人员支持更能有效提高双方共同解决问题的效率。第四，在合作伙伴投机氛围比较淡薄的情景中，双方共同解决问题比共同制订计划更能有效提高渠道满意水平。

6.6.1 企业 IT 能力的效果

假设 H1a 和 H1b 均通过假设检验，这表明在合作伙伴投机氛围比较浓厚的情景中，企业 IT 人员支持对于企业关系治理行为的影响更显著，而 IT 设备水平作用则相对不明显。这一发现与以往研究结论基本一致，例如张涛等（2010）和张涛（2011）。不过以往研究并未将渠道投机行为作为情境因素，而且也未回答不同投机氛围中这一结论是否仍能保持一致。而本研究则发现，在不同的合作伙伴投机氛围中上述结论并不能保持一致。

假设 H2a 被拒绝，即在合作伙伴投机氛围比较淡薄的情景中，企业 IT 设备水平并未比 IT 人员支持能更有效地提高双方共同制订计划的效率。究其背后的原因，这可能是在合作伙伴投机氛围比较淡薄的情景中，企业对于合作伙伴的预期比较稳定和有信心，因此大多数情况下都会遵循以往的惯例和习惯来制订生产计划和销售计划，而合作伙伴也会予以配合并较少地实施投机行为。如此一来，企业并不需要特别高端的 IT 设备来提高双方共同制订计划的效率。这一点，也与以往研究发现类似，例如张涛等（2010）。

假设 H2b 被接受，即在合作伙伴投机氛围比较淡薄的情景中，企业 IT 设备水平可以比 IT 人员支持更有效地提高双方共同解决问题的效率，这一发现推进了以往的研究结论。具体来说，在过去研究中发现 IT 对于双方共同解决问题的影响并不显著（张涛，2011；张涛等，2009），而本研究则在合作伙伴投机氛围比较淡薄的情景中发现这一影响关系会变显著。

6.6.2　跨组织关系治理行为对跨组织合作满意的影响

在合作伙伴投机氛围比较浓厚的情景中，企业使用共同制订计划的手段可以有效提高跨组织合作满意，而在合作伙伴投机氛围比较淡薄的情景中，企业使用共同解决问题的手段可以有效提高跨组织合作满意。这一发现为跨组织关系治理行为的有效性界定了范围，同时也帮助企业进一步认识关系治理行为的有效性，即两种手段并非在任何合作伙伴投机氛围中都会有效，而是应该根据不同的合作伙伴投机氛围来选择不同的方式。

6.6.3　理论贡献与实际应用

本研究的理论贡献主要体现在以下几个方面。一方面，虽然以往对于关系治理与跨组织合作中机会主义之间关系的研究非常多，但这些研究均将机会主义作为结果变量（即以降低或抑制跨组织合作中投机作为研究的出发点），并未从现实角度出发来深入分析合作伙伴投机行为情景化的一面。而本研究则从跨组织合作控制的成本与收益视角，以及合作伙伴群体间投机行为制度化的视角入手，探讨了跨组织合作中机会主义与跨组织治理之间并不存在必然联系，揭示出跨组织合作中机会主义具有情景化的属性，从而推进了跨组织关系治理的研究。另一方面，虽然有研究分析 IT 对跨组织关系治理行为的影响及其结果，但并未有研究关注不同投机情景下这些影响会发生怎样的变化。而本研究则发现在不同的合作伙伴投机氛围中，两种 IT 能力对两种跨组织关系治理行为的影响，以及两种关系治理行为对跨组织合作满意的影响均有所差别。这些发现弥补了相关研究的不足之处，将相关研究向前推进了一步。

在实际中，本研究可以帮助企业对于 IT 在跨组织关系治理过程中的作用有更深刻的理解。具体来说，企业在通过 IT 提高双方关系行为效率的时候，需要先确定自己所处的经营环境中合作伙伴投机行为的严重程度。如果合作伙伴投机行为比较严重，那么企业可以考虑多强调和加强 IT 人员对于跨组织合作的支持，尤其是双方共同制订计划的行为，这样可以有效提高跨组织合作满意。如果合作伙伴投机行为比较少，那么企业可以考虑增加对于 IT 设备的投入，购买高性能的 IT 设备，从而提高双方共同解决问题的效率，这样也可以有效提高跨组织合作满意。

本研究有这样以下三点不足之处。第一，在测量投机氛围时，采用的是制造商某一主要合作伙伴的投机行为来代表其所在场域的投机氛围，这可能会存在一些偏差。第二，本研究对于合作伙伴的投机是采用制造商营销部门或者渠道部门负责人的主观感受来代替合作伙伴真实的投机行为，这可能会存在一定程度的偏差。第三，对于 IT 设备水平的测量也是采用使用者对于 IT 设备使用的主观感受来代替真实情况，而这些使用者大多数不具备 IT 专业知识，因此也会对 IT 设备水平与 IT 人员支持的描述产生一定程度的偏差。

参考文献

谷文辉，赵晶，2009. 制造企业 IT 资源与电子商务能力关联效应的实证研究 [J]. 管理评论, 21(9): 62-71, 113.

李苗, 庄贵军, 张涛, 等, 2013. 企业间关系质量对关系型渠道治理机制的影响: 企业IT能力的调节作用[J]. 营销科学学报, 9(1): 79-89.

刘丽, 夏远强, 2009. 企业IT能力国内外研究综述[J]. 管理学家（学术版）(1): 57-67, 79.

彭建平, 2012. IT应用对企业绩效的影响: 直接作用还是间接作用?[J]. 管理评论, 24(9): 111-118, 169.

员巧云, 程刚, 2009. 信息技术应用水平对企业逆向物流绩效影响的实证研究[J]. 管理评论, 21(4): 98-103, 120.

张涛, 2011. 权力、关系与合同: IT能力通过渠道控制机制对渠道投机行为的抑制作用研究[D]. 西安: 西安交通大学.

张涛, 庄贵军, 季刚, 2009. 企业IT能力对抑制渠道投机的影响——以关系型治理为核心的概念模型[J]. 海南大学学报（人文社会科学版）: 27(6): 657-661.

张涛, 庄贵军, 季刚, 2010. IT能力对营销渠道中关系型治理的影响: 一条抑制渠道投机行为的新途径?[J]. 管理世界(7): 119-129.

庄贵军, 李珂, 崔晓明, 2008. 关系营销导向与跨组织人际关系对企业关系型渠道治理的影响[J]. 管理世界(7): 77-90.

庄贵军, 徐文, 周筱莲, 2008. 关系营销导向对于企业营销渠道控制行为的影响[J]. 管理工程学报, 22(3): 5-10.

Bharadwaj A S, 2000. A resource-based perspective on information technology capability and firm performance: An empirical investigation[J]. MIS Quarterly, 24(1): 169-196.

Byrd T A, Turner D E, 2000. Measuring the flexibility of information technology infrastructure: Exploratory analysis of a construct[J]. Journal of Management Information Systems, 17(1): 167-208.

Claro D P, Hagelaar G, Omta O, 2003. The determinants of relational governance and performance: How to manage business relationships?[J]. Industrial Marketing Management, 32(8): 703-716.

Crosno J, Dahlstrom R, 2008. A meta-analytic review of opportunism in exchange relationships[J]. Journal of the Academy of Marketing Science, 36(2): 191-201.

DiMaggio P J, Powell W W, 1983. The iron cage revisited: Institutional isomorphism and collective rationality in organizational fields[J]. American Sociological Review, 48(2): 147-160.

Hawkins T G, Wittmann C M, Beyerlein M M, 2008. Antecedents and consequences of opportunism in buyer-supplier relations: Research synthesis and new frontiers[J]. Industrial Marketing Management, 37(8): 895-909.

Heide J B, John G, 1992. Do norms matter in marketing relationships?[J]. Journal of Marketing, 56(2): 32-44.

Hitt L M, Brynjolfsson E, 1996. Productivity, business profitability, and consumer surplus: Three different measures of information technology value[J]. MIS Quarterly, 20(2): 121-143.

Hofer C W, 1975. Toward a contingency theory of business strategy[J]. Academy of Management Journal, 18(4): 784-810.

Im G, Rai A, 2013. IT-enabled coordination for ambidextrous interorganizational relationships[J]. Information Systems Research, 25(1): 72-92.

Jap S D, Anderson E, 2003. Safeguarding interorganizational performance and continuity under ex post opportunism[J]. Management Science, 49(12): 1684-1701.

Lai F, Tian Y, Huo B, 2011. Relational governance and opportunism in logistics outsourcing relationships: empirical evidence from China[J]. International Journal of Production Research, 50(9): 2501-2514.

Liu H, Ke W, Wei K K, et al, 2013. The impact of IT capabilities on firm performance: The mediating roles of absorptive capacity and supply chain agility[J]. Decision Support Systems, 54(3): 1452-1462.

Melville N, Kraemer K, Gurbaxani V, 2004. Information technology and organizational performance: an integrative model of IT business value[J]. MIS Quarterly, 28(2): 283-322.

Pelton L E, Strutton D, Lumpkin J R, 1997. Marketing channels: A relationship management approach[M]. Irwin: Chicago.

Rai A, Pavlou P A, Im G, et al, 2012. Interfirm IT capability profiles and communications for cocreating relational value: evidence from the logistics industry[J]. MIS Quarterly, 36(1): 233-262.

Rindfleisch A, Heide J B, 1997. Transaction cost analysis: past, present, and future applications[J]. Journal of Marketing, 61(4): 30-54.

Suchman M C, 1995. Managing legitimacy: Strategic and institutional approaches[J]. Academy of management review, 20(3): 571-610.

Tippins M J, Sohi R S, 2003. IT competency and firm performance: Is organizational learning a missing Link?[J]. Strategic Management Journal, 24(8): 745-761.

Wade M, Hulland J, 2004. The resource-based view and information systems research: Review, extension and suggestions for future research[J]. MIS Quarterly, 28(1): 107-142.

Wathne K H, Heide J B, 2000. Opportunism in interfirm relationships: Forms, outcomes, and solutions[J]. Journal of Marketing, 64(4): 36-51.

Wiengarten F, Humphreys P, McKittrick A, et al, 2013. Investigating the impact of e-business applications on supply chain collaboration in the German automotive industry[J]. International Journal of Operations & Production Management, 33(1): 25-48.

Williamson O E, 1993. Calculativeness, trust, and economic organization[J]. Journal of Law and Economics, 36(1): 453-486.

Zhou K Z, Xu D, 2012. How foreign firms curtail local supplier opportunism in China: Detailed contracts, centralized control, and relational governance[J]. Journal of International Business Study, 43(7): 677-692.

Zhuang G, Xi Y, Tsang A S L, 2010. Power, conflict, and cooperation: The impact of guanxi in Chinese marketing channels[J]. Industrial Marketing Management, 39(1): 137-149.

7

企业信息技术资源与私人关系资源在跨组织合作中的替代作用：基于合作伙伴投机氛围的权变模型

7.1 研究背景与研究问题

7.1.1 合作伙伴机会主义的情境化

合作伙伴机会主义是影响企业跨组织合作效率与效果的主要因素之一，也是跨组织治理的主要目标（Rindfleisch 等，2010；Zhou 和 Xu，2012；庄贵军，2007）。对此，研究者提出了许多跨组织治理策略，如正式合同、关系规范、专有资产投入、社会网络等（Crosno 和 Dahlstrom，2008；Hawkins 等，2008）。但由于交易成本广泛存在，使得企业无论采取哪种策略都不可能完全抑制住合作伙伴机会主义（Dutta 等，1994；Willamson，1985；庄贵军和刘宇，2010）。从成本与收益视角来看，一旦企业控制合作伙伴机会主义所花费的成本（时间、金钱、人力等）超过机会主义本身所造成的损失，那么企业就会有失去控制的意愿（Dutta 等，1994；Wathne 和 Heide，2000）。也就是说合作伙伴机会主义存在一个阈值，如果高于这个阈值，企业则会出手干预；而如果低于这个阈值，企业则不会进行干预。在后一种情况中，合作伙伴机会主义就会成为双方跨组织合作的一种情景因素（Dutta 等，1994；Wathne 和 Heide，2000），即企业与合作伙伴开展跨组织合作时必须忍受一定程度的合作伙伴机会主义。尽管如此，跨组织合作的重要性超越合作伙伴机会主义成为双方的主旋律。

目前有两种因素可以促进企业间跨组织合作。第一种是双方边界人员的私人关系（以下简称私人关系）（Villena 等，2011；Wang 等，2014；姚小涛和席酉民，2009；庄贵军等，2007），第二种是企业 IT 资源（如 ERP、SAP 等，以及 IT 技术人员）（李苗 等，2013；张涛和庄贵军，2014；张涛 等，2010）。从制度化和规范化的视角来看，私人关系是一种非正式的促进因素（informal facilitator），难以被制度化，难以形成固定的模式或流程，也难以通过学习来获得。而且这一因素与使用者的性格、气质和行为方式等密切相关，具有鲜明的个人特色，一旦使用者发生流动，这种因素就会随之失效。相比而言，企业间 IT 资源是一种正式因素（formal facilitator），容易被制度化，容易形成固定的流程或模式，还能够通过学习来掌握和传承。而且这一因素不依赖于个人属性或特质，即使人员流失，后来的继任者也能通过学习来掌握这种因素。

7.1.2 研究问题

上述两种因素具有不同的内在机制，发挥作用的前提条件也存在很大差异。那么企业在面临合作伙伴不同的机会主义情景时（高机会主义和低机会主义），应选择哪种因素来促进跨组织合作呢？对此，现有研究还比较缺乏。针对这一不足，本研究希望在以下两个方面作出贡献：第一，探讨合作伙伴机会主义的情景化属性。具体来说，虽然对于机会主义的研究非常丰富，但现有研究主要还是将其作为跨组织治理或控制的结果，研究的重点在于怎样安排或设计跨组织治理或控制手段来充分抑制合作伙伴机会主义（即机会主义越少越好），而对于合作伙伴机会主义的情景化缺乏探讨，对于不同的机会主义情景下企业间跨组织合作更缺乏分析。本研究将从交易成本的视角入手来总结各种跨组织治理机制的不足，由此来分析合作伙伴机会主义成为情景因素的原因，这将有助于弥补现有机会主义相关研究与理论的不足。第二，对比合作伙伴机会主义较多和较少这两种情景下，私人关系与企业 IT 资源对跨组织合作的不同影响。具体而言，已有研究分别就这两种因素对跨组织合作的影响进行了探讨，但是未发现有研究同时关注这两种因素，更未有研究将这两种因素放入不同的合作伙伴机会主义情景下进行分析。本研究将从企业采用的不同跨组织合作策略入手，结合两种手段各自的特点与作用机制，来对比其对于跨组织合作的不同影响，这将有助于完善跨组织治理相关研究与理论。

另外，在实践上，本研究对于企业也有如下两个具体的管理意义。首先，以往企业对于合作伙伴机会主义无法杜绝的原因缺乏深入的认识，从而导致其制定跨组织治理策略的效果越来越差。通过本研究则可以帮助其深刻认识合作伙伴机会主义无法杜绝的根本原因，由此制定更有效的跨组织治理策略。其次，大多数制造型企业所拥有的资金、团队、技术手段等资源都很有限（尤其是中小企业）。那么在面临不同的合作伙伴机会主义情景时，究竟应怎样分配资源才能获得更好的效果，怎样提高资源的收益率就成为一个重要的问题。即在不同的合作伙伴机会主义情景中，企业应怎样在"搞私人关系"和"上信息系统"这两方面上分配有限的企业资源（以获得更高的跨组织合作效率）？通过本研究，企业对于这一问题就能有更深入的了解，从而制定合理的资源分配策略。

7.2 文献回顾与理论

7.2.1 跨组织合作中机会主义的情景化属性

机会主义指跨组织合作中一方的实际行为与约定或承诺的不一致，通常表现为通过损害另一方的利益来为己方谋取私利的行为（Wathne 和 Heide, 2000；庄贵军 等, 2008a；庄贵军 等, 2008b）。机会主义是影响企业跨组织合作效率的主要因素之一（Rindfleisch 等, 2010；Zhou 和 Xu, 2012；庄贵军, 2007），因此怎样控制合作伙伴机会主义就成为跨组织研究的重点之一。目前研究者认为比较有效的手段包括正式合同（Wuyts 和 Geyskens, 2005；Zhou 和 Xu, 2012）、关系规范（Lai 等, 2011）、专有资产投入（Wang 等, 2014）等。虽然该领域研究非常成熟与丰富（相关研究回顾参见 Hawkins 等, 2008），但纵观现有研究不难发现，研究者主要还是将机会主义作为跨组织治理的结果因素，研究重点在于怎样安排或设计合理高效的治理结构来降低合作伙伴机会主义。

不过，无论企业采用哪种治理机制，都难以将合作伙伴机会主义完全根除（Dutta 等, 1994；Wathne 和 Heide, 2000；Willamson, 1985）。这主要是因为，无论哪种治理机制都存在成本问题（即交易成本）（Wathne 和 Heide, 2000；Willamson, 1985）。具体来说，首先，对于合作伙伴是否存在机会主义行为，企业需要投入一定的时间、金钱和关系资源来调查才能确定（Dutta 等, 1999）。而一旦调查的成本超过合作伙伴机会主义造成的损失，企业就会失去控制的意愿（即存在调查成本）。其次，企业对合作伙伴投入的专用性资产会将其锁定在跨组织关系之中（庄贵军和刘宇, 2010；庄贵军和铁冰洁, 2010）。如果终止合作，企业就会损失这些专用性资产（即存在转换成本）。第三，关系规范虽然可以有效抑制合作伙伴机会主义（Brown 等, 2000），但关系的保持与维系同样需要不断地投入金钱、时间、精力等（即存在维系成本）。一旦投入的成本超过合作伙伴机会主义所造成的损失，企业就失去了控制的意愿。最后，虽然明确和正式的合同也能有效降低合作伙伴机会主义（Wuyts 和 Geyskens, 2005; Zhou 和 Poppo, 2010），而且合同条款越详细则越有效（Wuyts 和 Geyskens, 2005），但制定合同也是有成本的（即谈判协商的成本），且条款越详细则成本越高。当成本高于合作伙伴机会主义造成的损失后，企业也就不倾向于通过制定更详细的合同来控制合作伙伴机会主义。

由于上述原因，使得企业必须容忍一定程度的合作伙伴机会主义（Dutta 等, 1994; Wathne 和 Heide, 2000）。而对于合作伙伴来说，就意味着其拥有了一定的机会主义自由度。在这个自由度内，企业或是难以发现，或是会主动容忍（Dutta 等, 1994; Wathne 和 Heide, 2000）。那么在这种情况下，合作伙伴机会主义就成为企业必须要面对的情景因素（context）。不过，如果合作伙伴机会主义超过这个自由度的上限，企业就会采取手段来控制合作伙伴机会主义（Wathne 和 Heide, 2000），而不再将其看作情景因素（即以往研究关注的问题）。

从权变的视角来看，在这个自由度内，企业也会根据合作伙伴机会主义的程度来选择不同的跨组织合作策略。具体而言，在合作伙伴机会主义相对较多的情景中，由于其程度比较接近于企业可容忍的极限（即自由度的上限），所以企业与合作伙伴开展跨组织合作的同时，也需要对其机会主义行为进行监视。一旦发现其程度超过可容忍的极限，企业就能立即采取措施，以防止损失进一步扩大。也就是说，在这种情景下，企业会更为重视合作中的风险，而暂时降低对于合作效率的关注。这种策略可以称为监视导向的跨组织合作策略（以下简称监视导向策略）。相比而言，在合作伙伴机会主义相对较少的情景中（即接近于自由度的下限），合作伙伴机会主义造成的损失比较小（甚至可忽略不计），因此企业会将更多注意力放在如何提高跨组织合作的效率上。例如怎样简化流程，增强协同效应，缩短运营周期等，由此进一步提高跨组织合作效益并降低成本。在这种情景下，跨组织合作的效率成为企业首要考虑的问题，而合作中的风险则不再是重点，这种策略可以被称为效率导向的跨组织合作策略（以下简称效率导向策略）。

7.2.2 私人关系

私人关系又被称为人际关系,是现实社会中人们通过交往活动而形成的人与人之间的一种心理连接(包括认知与情感两方面),以及相应的行为(Wang 等,2014;Zhuang 等,2010;庄贵军等,2007)。在中国的商业活动中,私人关系具有非常重要的作用。具体来说,第一,提供信任机制(Wang 等,2014;Zhuang 等,2010;庄贵军等,2007)。即在缺少外界约束因素时,私人关系可以为商业交换提供必要的信誉保证。第二,获得商业信息(Wang 等,2014;Zhuang 等,2010;庄贵军等,2007)。即企业可以通过诸如"朋友的朋友""同学的同学"这一类私人关系网来拓展商业活动,获得更多有价值的商业信息。第三,获得长期获利机会(Wang 等,2014;Zhuang 等,2010;庄贵军等,2007)。双方建立良好的关系需要一段时间,而一旦建立之后,彼此合作的效率就会比较高,合作延续的时间也会比较长,双方都能获得长期稳定的收益。第四,减少合作过程中的各种冲突(Wang 等,2014;Zhuang 等,2010;庄贵军等,2007)。双方在合作过程中发生摩擦和矛盾后,如果双方企业的当事人有比较好的私人关系,则比较容易解决。

然而私人关系对企业来说并非总是有利的,其也有不利的一面。具体而言,私人关系的一个重要特性是其附属于个体上,难以转移,即具有人情关系专用性投资的特点(武志伟和陈莹,2008)。一旦人员发生变动,就有可能导致关系投资的流失,而原本基于此之上的企业合作活动就会受到影响(Lovett 等,1999)。除此之外,在某些情况下,过于良好的私人关系会影响采购商判断的客观性,降低其决策效率(Villena 等,2011),以及彼此掩饰过失或盲目遵从对方等问题(Gu 等,2008)。

7.2.3 企业 IT 资源

企业的 IT 资源包括两类(Melville 等,2004),一类是以软件系统与硬件设备为代表的实体类 IT 资源。这一类资源是信息技术功能的具体形态,即实现具体功能的载体。例如服务器可以实现数据的存储与处理,路由器可以实现网络互联,搜索引擎可以实现信息的自动匹配与搜索,ERP、SAP 等系统可以实现办公流程自动化与信息的搜索、共享、加密与追踪。另一类是以人员知识和能力为代表的人力资本类 IT 资源。这一类资源是信息技术在企业经营与管理中发挥作用的必备条件，即如果缺乏 IT 人员的指导与帮助，那么 IT 设备与系统的功能就会受到限制，无法发挥其原有的功能。例如企业引进 Lotus Notes 系统后，如果网络管理员对企业员工缺乏培训，那么员工就无法很好地发挥 Lotus Notes 系统的功能，从而无法有效提高工作效率。

根据张涛和庄贵军（2014）的观点，上述两类 IT 资源对于跨组织管理的作用主要有三个方面：信息搜集与共享、沟通以及监控。具体而言，首先，计算机、服务器、互联网搜索引擎可以作为信息搜集的工具，在 IT 人员的帮助下，跨组织管理人员就能在更大范围内、更高效地搜索各种信息。路由器、交换机等硬件设备为信息共享提供平台，在 IT 人员的帮助下，跨组织管理人员就能高效地传递与共享各种数据、报表和文档。其次，企业版 QQ、E-mail、Lotus Notes 的 Sametime 可以实现随时随地的沟通并具有更丰富表达方式（例如图片、语音、视频、超文本），在 IT 人员的帮助下，跨组织管理人员就能有效提高沟通效率。最后，条码扫描、数字视频监控等硬件设备与软件系统可以实现图像和声音的实时记录和传递，在 IT 人员的帮助下，跨组织管理人员就能实现对合作伙伴的监控，防止其实施机会主义行为。

SAP 办公自动化系统、供应链管理系统等软件系统还可以提升日常工作或业务流程的自动化与规范化水平。即原本需要手工执行的计算、分类、统计工作，以及各种简单重复性工作都可以由计算机应用程序来完成，从而有效提高跨组织管理工作的效率。另一方面，人工操作往往随意性较大，缺少规范流程，容易产生错误且无法追踪。而 IT 人员可以根据企业跨组织管理的需要来设计和编写应用程序，指导边界人员学习操作并在工作中使用，这样就能让跨组织业务流程统一规范，减少人工操作的随意性。

7.2.4 跨组织合作

跨组织合作是多个企业为了达到共同的目标而实施的共同行为（庄贵军 等，2007）。其实质是一种联合行动（joint-action）（Claro 等，2003；庄贵军 等，2008a；庄贵军 等，2008b）。这种联合行动可以由事前的共同制订计划和事后的共同解决问题组成（Claro 等，2003；庄贵军 等，2008a；庄贵军 等，2008b）。前者指双方就未来的分销计划以及可能发生的各种事件进行讨论与协商，尽早做出各种安排并制定措施，并明确彼此应该承担的责任和义务；后者指执行计划的过程中出现意外情况时，双方就此进行讨论与协商并提出解决方案来解决问题。

目前对于跨组织合作的研究有许多，例如权力与权力使用对跨组织合作的影响（庄贵军 等，2007）、企业间冲突与合作之间的关系（庄贵军 等，2007）等。而关注企业边界人员的私人关系对跨组织合作影响的研究也有很多，例如庄贵军等研究发现，跨组织边界人员的人际关系可以有效促进双方的跨组织合作行为（庄贵军 等，2008a）。姚小涛和席酉民研究发现，私人关系可以通过制度化的途径来提高企业间联盟与合作水平（姚小涛和席酉民，2009）。Wang 等研究发现，企业层面与人际层面的关系专有投资有助于提高企业与合作伙伴的关系绩效（Wang 等，2014）。Chen 和 Wu（2011）研究发现，个人关系可以有效提高企业间相互合作的能力。此外，也有很多研究关注了信息技术对于跨组织合作的影响，例如 Vijayasarathy 与 Robey（1997）研究了 EDI 系统与跨组织关系之间的关系，发现企业使用 EDI 系统可以对跨组织合作产生积极作用。张涛等（2010）研究发现，企业 IT 能力可以有效促进双方的关系质量，提高双方合作行为的效率。李苗等（2013）对 IT 能力的调节作用进行了研究，发现 IT 能力可以强化关系质量对跨组织合作的影响。

7.3 研究假设

7.3.1 合作伙伴机会主义较多的情景中两种手段的对比

根据上面的分析，在合作伙伴机会主义较多的情景中，企业会倾向于采用监视导向策略。这种策略的核心是：与合作伙伴跨组织合作的同时还要对其进行监视，留意其机会主义是否超过自由度的上限，以防止损失进一步扩大。不过，双方是彼此独立的经营主体，公开或正式的监视往往会引起合作伙伴的反感与不满，不利于跨组织合作的展开。因此，对于合作伙伴的监视比较适合于在暗中进行。其次，如果合作伙伴打算实施机会主义，自然会对企业隐瞒甚至篡改有关信息，企业很难通过正式或公开的跨组织获得合作伙伴机会主义的可靠情报，例如时间、参与的人员与部门、机会主义的细节等。因此，对合作伙伴的监视需要有独立可靠的第三方信息来源。最后，有关合作伙伴机会主义的信息一般都有时效性。也就是说，只有在第一时间掌握合作伙伴机会主义的情况，企业才能及时制定应对策略，降低风险并防止损失扩大。因此，对合作伙伴的监视还需要有及时性的特点。综上所述，企业在合作伙伴机会主义较多的情景中，会倾向于选择一种既能保证和促进跨组织合作，同时又能对合作伙伴进行暗中监视的手段。而且，这种监视还要具备难以察觉、可靠与及时这三个特点。

有研究显示，IT 资源可以有效促进双方的跨组织合作行为（张涛和庄贵军，2014；张涛等，2010）。但是作为监视的手段，IT 资源却不具备上述三个特点。首先，虽然搜索引擎、web 等技术可以为企业搜集信息提供支持（张涛和庄贵军，2014），但这主要是通过检索一些公开或正式的平台或信息源来获得信息（例如合作伙伴的企业网站、电子商务平台网站、行业协会网站等）。而如果合作伙伴实施机会主义行为，自然不会在这样的平台或信息源上公布有关信息。因此这些 IT 资源难以帮助企业获得合作伙伴机会主义的关键信息（不具备可靠性）。其次，Email、SAP、Sametime 等 IT 资源可以为人员的沟通提供丰富的支持（张涛和庄贵军，2014），但这种支持主要体现在沟通的便利性和沟通手段的丰富性上，对于沟通内容的真实性难以分辨（不具备可靠性）。最后，条码技术、数字视频监控等技术可以直接实现对合作伙伴的监控（张涛和庄贵军，2014），但这种方式更适合于企业实力比合作伙伴强很多，以至于合作伙伴心甘情愿被企业监视的情况，即权力导致依赖的情况（Zhuang 和 Zhou，2004）。而且，这种监控是公开和正式的，容易引发冲突与不满（不具备难以察觉性）。基于以上三个方面的原因，IT 资源难以成为监视合作伙伴的有效手段。

相比而言，私人关系则具备上述三个特点。首先，私人关系是一种工作关系之外的、私密的、非正式的人与人联系，属于个人隐私范畴（Fan，2002）。因此，企业无权禁止，而且也难以禁止本方边界人员与对方边界人员建立私人关系。同时，边界人员也没有义务将自己的私人关系网汇报给企业。这就意味着，即使双方边界人员建立了良好的私人关系，合作伙伴对此可能也并不知晓（具备难以察觉性）。其次，私人关系具有获取信息的功能（Millington 等，2006；Park 和 Luo，2001）。也就是说，如果企业希望了解合作伙伴一边的情况，可以通过与本方边界人员私人关系较好的、合作伙伴一方的边界人员获得。而且这种方式便捷高效，往往一个电话就可以做到（具备及时性）。最后，私人关系还能提供信任机制（Peng 和 Zhou，2005；庄贵军等，2007），即双方边界人员的私人关系越好，则越是相互信任。那么，由此途径获得的信息真实性就越有保障（具备可靠性）。

同时，私人关系也能保证和促进双方的跨组织合作。具体来说，企业与合作伙伴边界人员的私人关系主要以熟人关系这个层次为主（即混合关系），讲究人情、面子与互惠（黄光国和胡先缙，2010）。因此，一方面，双方企业在共同制订计划时，如果企业一方的边界人员尽力为合作伙伴一方边界人员的计划工作提供支持帮助，那么其也会在计划工作中给对方予以相应的回报（即相互做人情）。如此一来，双方企业就能更加顺畅高效地共同制订计划。另一方面，在计划执行过程中，如果出现了意外情况造成计划难以顺利执行，双方边界人员良好的私人关系不但能提供一定程度的信誉保证机制（Peng 和 Zhou，2005；庄贵军等，2007），还能为双方提供一条讨论和协商的途径（Su 等，2008），从而帮助双方企业更及时地澄清误会并降低冲突，以相互包容的态度来商讨出现的问题并制定解决方案。

由以上分析得到如下假设。

H1：在合作伙伴机会主义较多的情景中，企业倾向于选择私人关系而非 IT 来促进双方跨组织合作。即双方边界人员的私人关系与双方（a）共同制订计划、（b）共同解决问题存在显著的正相关关系，而企业 IT 资源与两者没有显著关系。

7.3.2 合作伙伴机会主义较少的情境中两种手段的对比

如前所述，在合作伙伴机会主义较少的情景中，企业倾向于采用效率导向策略。即企业以提高与合作伙伴跨组织合作效率为主要目标。在这种情景中，影响双方跨组织合作效率的主要因素是沟通成本（即沟通过程中花费的时间、精力、金钱等），以及业务流程的规范化与自动化水平（即是否有统一固定的业务处理过程，是否可以自动处理）。这就意味着，企业顺利实施效率导向策略的关键是选择一种能降低沟通成本，提高业务流程规范化和自动化水平的手段。

私人关系建立的过程也是关系专有资产投入的过程（Willamson，1985）。这个过程缺乏规范性，投入的专有资产难以转移。这是因为，每个人的性格、脾气、为人处世的方式都不尽相同，因此私人关系建立的过程都具有独特性，难以模式化或规范化。如此一来，企业与合作伙伴的业务往来如果是建立在边界人员私人关系的基础之上，就同样无法模式化与规范化。也就是说，双方企业边界人员在开展工作时，如果工作方式是在双方私人交往过程中形成的，那么这两个企业之间的跨组织合作就被限制在这两个边界人员的私人关系之内。一旦人员离职或者流失，那先前建立的跨组织合作模式也将随之消失。此外，过于良好的私人关系也会在某些情况下影响边界人员的判断力，降低其决策效率（Villena等，2011），以及出现彼此掩饰过失或盲目遵从对方的问题（Gu等，2008），从而降低企业的跨组织合作效率。总之，由于上述不足之处，企业在实施效率导向策略时并不会倾向于选择私人关系。

相比而言，IT资源不但可以实现双方便捷、丰富的沟通，降低沟通的成本（张涛和庄贵军，2014），还可以提高跨组织业务流程的规范化和自动化水平。具体来说，首先，无论是免费的Email系统、腾讯微信，还是专业付费的SAP、ERP系统，都能为使用者提供多种信息表达方式（只是专业系统功能更强大）。从文字、图片、语音到影像，甚至还可以进行多人实时远程会议（例如Netmeeting系统）。如此一来，边界人员通过这些系统就能更准确迅速地表述自己的想法，而对方也能简单、直观地明白其意图，从而降低沟通成本。其次，IT人员可以根据工作的具体流程和需求来开放相应的软件或系统，并购买和配置相关硬件设备（张涛和庄贵军，2014）。这样不但能将规范的业务流程固化到IT系统软件或硬件设备之中，而且还能将某些重复性、计算性和统计性的工作自动化处理。如此一来，无论哪个人来做这些具体的工作，都可以保证工作的一致性与规范性，这就能减少工作的个人特色。例如，SAP系统具有设计工作流程的功能，IT人员可以根据工作流程来编写出SAP模块。那么边界人员只要采用该SAP模块进行管理工作，就能规范、高效地完成订货、发货、提供质保等工作。即使该人员日后离职，只要 IT 人员对顶替其岗位的边界人员进行该 SAP 模块的培训，其就能高效、规范地开展工作。

综上所述，由于 IT 资源具有以上优势，企业在实施效率导向的跨组织合作策略时会倾向于选择 IT 资源。具体而言，一方面，在双方共同制订计划时，企业通过 Email、SAP、Sametime 等 IT 系统与合作伙伴进行沟通与交流，就能有效降低双方的沟通成本。而沟通成本的降低则有助于双方更高效地共同制订计划。另一方面，数据库系统的自动查找、修改和计算等功能也能帮助双方在共同制订计划时完成重复性、计算性和统计性的工作，从而提高双方共同制订计划的工作效率。而在计划执行过程中，如果出现问题，双方采用 Email、SAP、Sametime 等手段进行沟通与协商，就能有效降低双方的沟通成本，从而帮助双方进行更充分的沟通。如此一来，双方就能充分探讨问题出现的原因，制定切实可行的解决方案。举例来说，企业在审核合作伙伴资质时出现问题，就可以通过 Netmeeting 这一 IT 系统来与合作伙伴进行实时会议。双方首先可以借助该系统的即时通信模块相互表达意见，界定问题并分析原因。然后再借助共享白板模块来共同画出解决问题的思路或者路线图，并可以在图上标记关键时间点和负责人等信息。这样就能促使双方更有效地解决问题，提高跨组织合作的效率。

由以上分析得到下面假设。

H2：在合作伙伴机会主义较少的情景中，企业倾向于选择 IT 而非私人关系来促进双方跨组织合作。即企业 IT 资源与双方（a）共同制订计划、（b）共同解决问题存在显著的正相关关系，而双方边界人员的私人关系与两者没有显著关系。

7.4 研究方法

本研究首先使用 SPSS 和 Amos 在完整样本中对量表的信度与效度进行了检验，然后使用 PLS-SEM 的测量模型在 HighOP 和 LowOP 两个子样本中对量表的信度与效度进行检验。最后再使用 PLS-SEM 的结构模型对提出的假设进行检验。采用 PLS-SEM 是因为 PLS 不需要数据的正态性分布的前提条件，而且 PLS 还能够处理较小的样本量而不会产生太大偏差。除此之外，PLS 也比较适合复杂关系的检验，可以有效降低不确定性（Chin 等，2003）。下面采用的工具为 SmartPLS（版本 2.0）。

7.4.1 样本收集

本研究关注的是私人关系与 IT 对跨组织合作的影响，以国内制造商与分销商之间的关系为研究对象。问卷填写者为制造商一方负责市场或者渠道管理的人员。为提高问卷的发放与回收效率，我们委托了一家专业的市场调查公司实施整个调查项目。该公司选择在广州、大连、长春、沈阳、郑州和西安等 6 座城市选取样本，然后根据先前制订的调查计划来随机选择样本企业进行调查。具体实施过程为，首先通过电话联系符合调查要求的相关负责人员，然后问询对方是否愿意接受调查。如果对方愿意接受调查，调查人员则会进一步确认其具体的职务和相应的工作内容，以判别对方是否有能力填写本调查问卷。接下来，在填写相应的量表之前，问卷会明确提示对方后面问题针对某一特定的分销商，并且企业并未对其投机行为进行控制，从而保证该分销商的投机行为并未超过企业可容忍的范围（即阈值），以符合本研究的需要。

此次调查总共发放问卷 300 份，剔除有明显错误以及缺失严重的问卷后，最终获得 288 份有效问卷，有效回收率为 96%。接下来，从全部样本中随机抽取 100 份样本，与剩余的 188 份样本进行对比，发现在问卷填写者的任职年限、职位、关系建立时间、企业规模这些因素上没有显著差异（$P>0.05$），因此该样本不存在明显的无回应误差（Non-response bias）。

为了将完整样本划分为分销商投机较多和较少的两个样本子集，本研究将测量分销商机会主义（OP）的八个题项（为反映性量表，如表 7-1 所示）取平均值（均值为 2.321，标准差为 0.586），将其作为机会主义的指标。然后将 OP 大于 2.907（均值加标准差）的 63 个样本归入分销商机会主义较多的样本子集（HighOP 子样本），将 OP 小于 1.735（均值减标准差）的 62 个样本归入分销商机会主义较少的样本子集（LowOP

子样本）。通过对这两个样本进行对比，发现在问卷填写者的任职年限、职位、关系建立时间、企业规模这些因素上无显著差异（$P>0.05$）。

由于调查问卷均为制造商一方人员填写，因此可能会存在共同方法偏差（Common Method Bias，CMB）。对此，本研究首先采用Harman的单因素检验来评估CMB的程度。将上述所有变量的题项进行探索性因子分析，得未旋转时第一个主成分的方差解释量为25.26%。接下来，本研究选择问卷填写者的任职年限作为标签变量，该变量与模型中的自变量和因变量均无理论联系。使用SPSS19计算变量间相关系数和控制标签变量后的偏相关系数。控制标签变量后，各研究变量之间的相关系数显著性没有发生变化，相关系数大小也没有明显变化，这表明共同方法偏差未对分析结果产生实质影响。

7.4.2 变量测量

调查问卷一共7页长，认真填完大约需要20～30分钟。问卷前一部分是有关制造商基本信息的内容，如公司所属行业、公司性质和规模等，后一部分由测量量表组成。下面只给出本研究涉及的几个变量的测量量表，其中包括制造商的IT资源、私人关系、共同制订计划、共同解决问题、投机情境（如表7-1所示）。这些量表来源于已有研究，将其测量题项进行了中英双翻并根据具体情况做了适当的修改。按照要求，问卷填写者从1～5对每个题项进行打分，由此来表达自己的观点或态度（1=完全不同意，5=完全同意，其余为中间状态）。

表7-1　变量和相关题项来源

变量	题项	来源
私人关系 （PR）	PR1：我们与该分销商的采购经理有着很好的私人关系 PR2：我们有朋友与该分销商的采购经理熟识 PR3：我们公司的总经理与该分销商的总经理有着很好的私人关系	庄贵军等 （2008）
IT资源 （ITSRC）	ITRSC1：我们公司的IT技术人员经常给我们进行计算机相关知识与技能的培训 ITRSC2：在我们有需要时，公司的IT技术人员能够给予我们技术上的指导和帮助 ITRSC3：我们公司的IT技术人员能够根据我们工作上存在的问题来制定相应的技术解决方案 ITRSC4：我们公司的IT技术人员能在我们遇到困难时帮助我们 ITRSC5：我们公司拥有企业级应用软件系统（例如Lotus Notes、自主研发的管理信息系统） ITRSC6：我们公司每年都会花费许多资金来购买新的计算机软件和硬件	Byrd和Turner （2000）， Tippins和Sohi （2003）

续表

变量	题项		来源
跨组织合作	事前共同制定计划（JP）	JP1：我公司和该分销商经常共同讨论我公司下一阶段的产量问题	Claro等（2003）
		JP2：我公司和该分销商经常共同计划我公司下一阶段的新产品开发	
		JP3：我公司和该分销商经常共同计划我公司下一阶段所要生产的产品种类	
	事后共同解决问题（JPS）	JPS1：出现问题时，我公司和该分销商会共同承担责任	Lusch和Brown（1996）
		JPS2：当执行不能达到合同规定目标时，我们按照谅解的原则解决	
		JPS3：当出现争议时，我们按照谅解的原则处理或解决	
		JPS4：当出现偶发事件时，我们以相互谅解的原则来应对	
合作伙伴投机情境（OP）	OP1：该分销商为了达到他们的目的经常言过其实		Jap和Anderson（2003）
	OP2：该分销商不太诚实		
	OP3：该分销商为了得到他们想要的利益，经常改变事实		
	OP4：很难与该分销商进行真诚的商谈		
	OP5：该分销商为了他们自己的利益经常违背正式或非正式的协议		
	OP6：该分销商经常试图利用我们的合作关系来为他自己谋取利益		
	OP7：该分销商常常让我们承担额外的责任		
	OP8：该分销商为了自己的利益，常常有意不告知我们应当注意的事项		

7.4.3　测量的信度与效度

本研究首先采用 SPSS 和 Amos 在完整样本中对量表的信度和效度进行检验。使用 SPSS19 进行探索性因子分析（结果如表 7-1、表 7-2 所示），KMO 值为 0.856，表明数据适合进行因子分析。一共抽取私人关系、IT 资源、共同制订计划、共同解决问题以及分销商投机情景这五个特征值大于 1 的因子，方差解释度为 66.29%。除了 ITRSC5 的因子载荷为 0.69 外，其余各测量题项在其相关变量上的因子载荷都大于 0.7。所有测量题项的交叉项因子载荷均没有超过 0.3。五个变量的 Cronbach's α 值均大于 0.8，表明测量量表具有较好的信度。

表7-2　完整样本探索性因子分析（一）

变量	题项	完整样本（N=288）				
		PR	ITRSC	JP	JPS	OP
PR α=0.806	PR1	0.82				
	PR2	0.84				
	PR3	0.83				

续表

变量	题项	完整样本（N=288）				
		PR	ITRSC	JP	JPS	OP
ITRSC α=0.889	ITRSC1		0.76			
	ITRSC2		0.84			
	ITRSC3		0.84			
	ITRSC4		0.83			
	ITRSC5		0.69			
	ITRSC6		0.71			

注：表中未给出的因子载荷均低于0.5。

表7-2 完整样本探索性因子分析（二）

变量	题项	完整样本（N=288）				
		PR	ITRSC	JP	JPS	OP
JP α=0.822	JP1			0.72		
	JP2			0.87		
	JP3			0.82		
JPS α=0.802	JPS1				0.74	
	JPS2				0.78	
	JPS3				0.77	
	JPS4				0.76	
OP α=0.910	OP1					0.74
	OP2					0.82
	OP3					0.85
	OP4					0.73
	OP5					0.80
	OP6					0.78
	OP7					0.75
	OP8					0.78

下面采用Amos17进行验证性因子分析（CFA），得拟合参数χ^2/df=1.83，RMSEA=0.05，TLI=0.93，CFI=0.94，IFI=0.94，GFI=0.90，

RMR=0.05。聚敛效度检验结果如表 7-3 所示，少数题项因子载荷低于 0.6 外，大多数均高于 0.6，且 AVE 值都大于 0.5，说明题项均拥有较高的聚敛效度。各变量的复合信度（CR）都大于 0.8，具有较高的信度。

表7-3 完整样本中的聚敛效度

变量	题项	因子载荷	AVE	CR	变量	题项	因子载荷	AVE	CR
PR	PR1 PR2 PR3	0.76 0.76 0.77	0.58	0.81	JPS	JPS1 JPS2 JPS3 JPS4	0.65 0.78 0.74 0.68	0.51	0.80
ITRSC	ITRSC1 ITRSC2 ITRSC3 ITRSC4 ITRSC5 ITRSC6	0.76 0.84 0.89 0.84 0.56 0.61	0.58	0.89	OP	OP1 OP2 OP3 OP4 OP5 OP6 OP7 OP8	0.73 0.80 0.83 0.67 0.76 0.76 0.70 0.74	0.56	0.91
JP	JP1 JP2 JP3	0.71 0.89 0.76	0.62	0.83					

区分效度检验结果如表 7-4 所示，5 个变量 AVE 值的平方根（对角线上黑体数字）都大于其与其他变量相关系数的绝对值，表明这些变量区分效度较好。

表7-4 完整样本中的区分效度

变量	PR	ITRSC	JP	JPS	OP
PR	**0.76**				
ITRSC	0.25[①]	**0.76**			
JP	0.28[①]	0.48[②]	**0.79**		
JPS	0.27[①]	0.32[①]	0.37[②]	**0.71**	
OP	0.08	-0.12	0.01	-0.26[①]	**0.75**

① 表示双尾检验中 P 值 <0.05。
② 表示双尾检验中 P 值 <0.01。
注：变量相关矩阵的对角线是 AVE 的平方根。

接下来，本研究使用 PLS 的测量模型对量表在 HighOP 和 LowOP 两个子样本中的信度与效度进行检验。如表 7-5 所示，除了私人关系 PR 在 HighOP 子样本中 α 值低于 0.7 外，其在 LowOP 子样本和完整样本，以及其余变量在两个样本中的 α 值均超过 0.7。组合信度（composite reliability）方面，四个变量在两个样本中的值均超过 0.7。上述指标表明，测量量表有着较好的信度。验证性因子载荷方面，如表7-5所示，除了PR2在HighOP子样本中稍低、JPS3在HighOP子样本中稍低外，其余测量题项的因子载荷在两个子样本中均超过0.7，所有题项的因子载荷都在0.001水平上显著，变量平均抽取方差（AVE）都大于0.5，说明题项均拥有较高的聚敛效度。

表7-5　HighOP子样本和LowOP子样本中的聚敛效度和信度

变量	题项	因子载荷	AVE	α	CR	变量	题项	因子载荷	AVE	α	CR
		HighOP子样本（N=63）						LowOP子样本（N=62）			
PR	PR1 PR2 PR3	0.77 0.58 0.81	0.52	0.69	0.76	PR	PR1 PR2 PR3	0.90 0.93 0.90	0.83	0.90	0.94
ITRSC	ITRSC1 ITRSC2 ITRSC3 ITRSC4 ITRSC5 ITRSC6	0.77 0.80 0.81 0.83 0.74 0.65	0.59	0.86	0.90	ITRSC	ITRSC1 ITRSC2 ITRSC3 ITRSC4 ITRSC5 ITRSC6	0.89 0.92 0.94 0.91 0.80 0.82	0.78	0.95	0.96
JP	JP1 JP2 JP3	0.83 0.89 0.82	0.72	0.80	0.88	JP	JP1 JP2 JP3	0.82 0.95 0.90	0.80	0.87	0.92
JPS	JPS1 JPS2 JPS3 JPS4	0.84 0.76 0.60 0.69	0.53	0.71	0.82	JPS	JPS1 JPS2 JPS3 JPS4	0.74 0.89 0.86 0.76	0.67	0.83	0.89

区分效度方面。如表7-6所示，在两个子样本中，四个变量AVE值的平方根均大于变量之间的相关系数，这表明测量量表具有较好的区分效度。因此，所有变量均满足信度与效度的要求，可以通过结构模型来进行假设检验。

表7-6　HighOP子样本和LowOP子样本中的区分效度

变量	HighOP子样本				LowOP子样本			
	PR	ITRSC	JP	JPS	PR	ITRSC	JP	JPS
PR	**0.72**				**0.91**			
ITRSC	0.09	**0.77**			0.48[③]	**0.88**		
JP	0.35[①]	0.43[②]	**0.85**		0.25[①]	0.34[②]	**0.89**	
JPS	0.38[②]	0.25[①]	0.29[①]	**0.73**	0.29[①]	0.18[①]	0.32[②]	**0.82**

①~③表示双尾检验中P值分别小于0.05、0.01、0.001。
注：变量相关矩阵的对角线是AVE的平方根。

7.5 数据分析

下面采用 PLS 中的结构模型来检验提出的假设。除了本研究关注的私人关系和 IT 资源这两个变量外,根据跨组织治理理论,双方的依赖结构(即彼此对对方的依赖)、双方关系长度都会影响跨组织合作,因此将其作为控制变量放入结构模型。除此之外,我们还将企业规模、竞争情况、供求状况也作为控制变量放入结构模型。通过 bootstrapping 方法迭代 1000 次,得到如表 7-7 所示的路径系数、自变量对因变量的解释力度 R^2 值以及效应值 f^2。

表7-7 结构模型及假设检验结果

项目		HighOP子样本		LowOP子样本	
		JP	JPS	JP	JPS
PR	路径系数	0.27[①]	0.31[③]	0.07	0.01
	f^2值	0.11	0.13	0.01	0.00
ITRSC	路径系数	0.04	0.06	0.29[③]	0.21[①]
	f^2值	0.02	0.03	0.08	0.07
控制变量					
制造商对分销商的依赖		0.23	0.09	0.28[②]	0.04
分销商对制造商的依赖		-0.02	-0.15	0.08	0.24[②]
关系长度		0.12	-0.01	0.01	0.10
供求状况		0.02	-0.19	0.21[①]	-0.02
企业规模		-0.40[③]	-0.12	-0.03	-0.11
竞争地位		-0.01	-0.29[③]	0.08	-0.11
R^2		0.35	0.31	0.27	0.22
假设检验结果		H1a支持	H1b支持	H2a支持	H2b支持

①~③表示双尾检验中 P 值分别小于 0.05、0.01、0.001。

从表 7-7 不难看出,在 HighOP 子样本中,私人关系(PR)与共同制订计划(JP)存在显著正相关关系($P<0.05$),同时 IT 资源(ITRSC)与其不存在显著的正相关关系($P>0.05$),H1a 得到数据支持。私人关系与共同解决问题（JPS）存在显著正相关关系（$P<0.05$），而 IT 资源与其关系不显著（$P>0.05$），H1b 得到数据支持。在 LowOP 子样本中，IT 资源对共同制订计划的正向影响是显著的（$P<0.05$），而 PR 对其的影响不显著（$P>0.05$），H2a 得到数据支持。IT 资源与共同解决问题之间存在正相关关系（$P<0.05$），而私人关系与其没有显著关系（$P>0.05$），H2b 也得到数据支持。

在 HighOP 的样本中，私人关系与 IT 资源以及其他控制变量对共同制订计划的解释度 R^2 为 0.353，对共同解决问题的解释度 R^2 为 0.312。在 LowOP 的样本中，私人关系与 IT 资源以及其他控制变量对共同制订计划的解释度 R^2 为 0.268，对共同解决问题的解释度 R^2 为 0.220。

除此之外，在 HighOP 样本中，私人关系对共同制订计划和共同解决问题的效应值 f^2 分别为 0.110 和 0.132，IT 资源对两者的效应值 f^2 分别为 0.019 和 0.033。在 LowOP 样本中，私人关系对共同制订计划和共同解决问题的效应值 f^2 分别为 0.006 和 0.002，IT 资源对两者的效应值 f^2 分别为 0.081 和 0.072。

7.6　结论与讨论

本研究基于机会主义、私人关系与信息系统相关研究，通过问卷收集的数据，实证地对比了合作伙伴机会主义较多和较少这两种情境中，企业和合作伙伴边界人员的私人关系，以及企业 IT 资源这两种手段对两种跨组织合作行为——事前共同制订计划与事后共同解决问题影响的差异。共检验了 4 个假设，均被数据支持。研究发现，第一，在合作伙伴机会主义较多的情境中，私人关系要比 IT 资源更能有效促进双方共同制订计划与共同解决问题；第二，在合作伙伴机会主义较少的情境中，IT 资源要比私人关系更能有效促进双方共同制订计划与共同解决问题。

在理论方面，本研究在以下两个方面做出了一些贡献：第一，探讨合作伙伴机会主义的情景化属性。具体来说，虽然对于机会主义的研究非常丰富，有大量的研究成果，但主要还是将其作为跨组织治理的结果,即研究重点在于怎样安排或选择治理机制来抑制合作伙伴机会主义,缺乏对于合作伙伴机会主义的情境化属性的关注。本研究则从交易成本视角入手,探讨和分析了合作伙伴机会主义成为情景因素的原因。相关分析结果有助于弥补现有机会主义相关研究与理论的不足。第二,对比不同合作伙伴机会主义情景下,私人关系与IT资源这两种手段对跨组织合作的不同影响。具体而言,已有研究就这两种手段对跨组织合作的影响分别进行了探讨,但是未发现有研究同时关注这两种因素,更未发现有研究关注不同的合作伙伴机会主义情景下,这两种手段对跨组织合作的影响会有哪些差异。本研究则从企业在不同机会主义情景下采取的不同跨组织合作策略入手,结合两种手段各自的特点与作用机理,对比两种手段的对跨组织合作产生的不同效果。相关结论有助于完善跨组织合作相关研究与理论。

在实践方面,本研究对于企业有这样几点启示:第一,合作伙伴机会主义无法彻底根除,因此最优策略就是将其控制在一定程度内;第二,在合作伙伴机会主义相对较多的情景下,边界人员的私人关系要比IT更为有效地促进双方共同制订计划与共同解决问题;第三,在合作伙伴机会主义相对比较少的情景下,IT会比私人关系更为有效地促进双方共同制订计划与共同解决问题。

本研究存在这样几点不足,首先,研究只关注了正式手段的一种(IT资源)与非正式手段的一种(私人关系),因此未来的研究可以继续探讨其他正式因素(如合同)与非正式因素(如关系规范)在不同合作伙伴机会主义情景下,对于跨组织合作的不同效果。其次,数据来自制造商一方,因此对于合作伙伴机会主义的测量采用的是制造商感知到的分销商机会主义行为,这可能存在一定程度的偏差。未来研究不但应收集制造商一方的数据,也要收集分销商一方的数据,采用双边的数据对假设进行检验。最后,本研究对于企业IT资源的测量是通过询问制造商一方市场部或渠道部管理人员的主观感受获得,这就可能造成对于IT资源的测量存在偏差。未来研究在收集数据时,可以考虑采用企业每年对IT设备与设施投入的资金数量、每月或每周IT人员指导与帮助的次数等客观指标来测量企业的IT资源。

参考文献

黄光国，胡先缙，2010. 人情与面子：中国人的权力游戏 [M]. 北京：中国人民大学出版社.

李苗，庄贵军，张涛，等，2013. 企业间关系质量对关系型渠道治理机制的影响：企业 IT 能力的调节作用 [J]. 营销科学学报，9(1)：79-89.

武志伟，陈莹，2008. 关系专用性投资，关系质量与合作绩效 [J]. 预测，27(5)：33-37.

姚小涛，席酉民，2009. 从个人关系到企业联盟关系：中间过程及其调节机制的实证研究 [J]. 管理工程学报 (4)：1-5.

张涛，庄贵军，2014. 企业 IT 能力对营销渠道控制机制的影响：基于 RBV 理论的一个研究框架 [J]. 营销科学学报，35(1)：67-80.

张涛，庄贵军，季刚，2010. IT 能力对营销渠道中关系型治理的影响：一条抑制渠道投机行为的新途径？[J]. 管理世界 (7)：119-129.

庄贵军，2007. 中国企业的营销渠道行为研究 [M]. 北京：北京大学出版社.

庄贵军，李珂，崔晓明，2008. 关系营销导向与跨组织人际关系对企业关系型渠道治理的影响 [J]. 管理世界 (7)：77-90.

庄贵军，刘宇，2010. 渠道投机行为的相互性以及交易专有资产的影响 [J]. 管理科学（6）：43-52.

庄贵军，铁冰洁，2010. 营销渠道中企业间信任与承诺的循环模型：基于双边数据的实证检验 [J]. 营销科学学报，4(3)：1-20.

庄贵军，席酉民，周筱莲，2007. 权力、冲突与合作——中国营销渠道中私人关系的影响作用 [J]. 管理科学 (3)：38-47.

庄贵军，徐文，周筱莲，2008. 关系营销导向对于企业营销渠道控制行为的影响 [J]. 管理工程学报，22(3)：5-10.

Brown J R, Dev C S, Lee D J, 2000. Managing marketing channel opportunism: The efficacy of alternative governance mechanisms[J]. Journal of Marketing, 64(2): 51-65.

Byrd T A, Turner D E, 2000. Measuring the flexibility of information technology infrastructure: Exploratory analysis of a construct[J]. Journal of Management Information Systems, 17(1): 167-208.

Chen X, Wu J, 2011. Do different guanxi types affect capability building differently? A contingency view[J]. Industrial Marketing Management, 40(4): 581-592.

Chin W W, Marcolin B L, Newsted P R, 2003. A partial least squares latent variable modeling approach for measuring interaction effects: Results from a Monte Carlo simulation study and an electronic-mail emotion/adoption study[J]. Information Systems Research, 14(2): 189-217.

Claro D P, Hagelaar G, Omta O, 2003. The determinants of relational governance and performance: How to manage business relationships? [J]. Industrial Marketing Management, 32(8): 703-716.

Crosno J, Dahlstrom R, 2008. A meta-analytic review of opportunism in exchange relationships[J]. Journal of the Academy of Marketing Science, 36(2): 191-201.

Dutta S, Bergen M, John G, 1994. The governance of exclusive territories when dealers can bootleg[J]. Marketing Science, 13(1): 83-99.

Dutta S, Heide J B, Bergen M, 1999. Vertical territorial restrictions and public policy: Theories and industry evidence[J]. Journal of Marketing, 63(4): 121-134.

Fan Y, 2002. Questioning guanxi: definition, classification and implications[J]. International Business Review, 11(5): 543-561.

Gu F F, Hung K, Tse D K, 2008. When does guanxi matter? Issues of capitalization and its dark sides[J]. Journal of Marketing, 72(4): 12-28.

Hawkins T G, Wittmann C M, Beyerlein M M, 2008. Antecedents and consequences of opportunism in buyer-supplier relations: Research synthesis and new frontiers[J]. Industrial Marketing Management, 37(8): 895-909.

Jap S D, Anderson E, 2003. Safeguarding interorganizational performance and continuity under ex post opportunism[J]. Management Science, 49(12): 1684-1701.

Lai F, Tian Y, Huo B, 2011. Relational governance and opportunism in logistics outsourcing relationships: Empirical evidence from China[J]. International Journal of Production Research, 50(9): 2501-2514.

Lovett S, Simmons L C, Kali R, 1999. Guanxi versus the market: Ethics and efficiency[J]. Journal of International Business Studies, 30: 231-247.

Lusch R F, Brown J R, 1996. Interdependency, contracting, and relational behavior in marketing channels[J]. Journal of Marketing, 60(4): 19-38.

Melville N, Kraemer K, Gurbaxani V, 2004. Information technology and organizational performance: An integrative model of IT business value[J]. MIS Quarterly, 28(2): 283-322.

Millington A, Eberhardt M, Wilkinson B, 2006. Guanxi and supplier search mechanisms in China[J]. Human Relations, 59(4): 505-531.

Park S H, Luo Y, 2001. Guanxi and organizational dynamics: organizational networking in Chinese firms[J]. Strategic Management Journal, 22(5): 455-477.

Peng M, Zhou J, 2005. How Network Strategies and Institutional Transitions Evolve in Asia[J]. Asia Pacific Journal of Management, 22(4): 321-336.

Rindfleisch A, Antia K, Bercovitz J, et al, 2010. Transaction costs, opportunism, and governance: Contextual considerations and future research opportunities[J]. Marketing Letters, 21(3): 211-222.

Su C, Yang Z, Zhuang G, et al, 2008. Interpersonal influence as an alternative channel communication behavior in emerging markets: The case of China[J]. Journal of International Business Studies, 40(4): 668-689.

Tippins M J, Sohi R S, 2003. IT Competency and firm performance: Is organizational learning a missing link? [J]. Strategic Management Journal, 24(8): 745-761.

Vijayasarathy L R, Robey D, 1997. The effect of EDI on market channel relationships in retailing[J]. Information & Management, 33(2): 73-86.

Villena V H, Revilla E, Choi T Y, 2011. The dark side of buyer-supplier relationships: A social capital perspective[J]. Journal of Operations Management, 29(6): 561-576.

Wang G, Wang X, Zheng Y, 2014. Investing in guanxi: An analysis of interpersonal relation-specific investment(RSI) in China[J]. Industrial Marketing Management, 43(4): 659-670.

Wathne K H, Heide J B, 2000. Opportunism in interfirm relationships: Forms, outcomes, and solutions[J]. Journal of Marketing, 64(4): 36-51.

Willamson O, 1985. The economic institutions of capitalism[M]. New York: The Free Press.

Wuyts S, Geyskens I, 2005. The formation of buyer-supplier relationships: Detailed contract drafting and close partner selection[J]. Journal of Marketing, 69(4): 103-117.

Zhou K Z, Poppo L, 2010. Exchange hazards, relational reliability, and contracts in China: The contingent role of legal enforceability[J]. Journal of International Business Studies, 41(5): 861-881.

Zhou K Z, Xu D, 2012. How foreign firms curtail local supplier opportunism in China: Detailed contracts, centralized control, and relational governance[J]. Journal of

International Business Study, 43(7): 677-692.

Zhuang G, Xi Y, Tsang A S L, 2010. Power, conflict, and cooperation: The impact of guanxi in Chinese marketing channels[J]. Industrial Marketing Management, 39(1): 137-149.

Zhuang G, Zhou N, 2004. The relationship between power and dependence in marketing channels: A Chinese perspective[J]. European Journal of Marketing, 38(5/6): 675-693.

8

新兴信息技术的跨组织治理数字化应用场景：流程与控制论的视角

8.1 研究问题的提出

8.1.1 研究背景

在当前,以供应链和营销渠道为代表的跨组织关系能为企业带来显著的竞争优势(Brown 等,2009;Zhou 等,2015;Wang 和 Zhang,2017;Zhang 等,2018;Gupta 等,2019)。如何提高跨组织关系的有效性是业务型企业最关心的问题之一。针对这一问题,现有研究系统地探讨了各种治理策略,如权力策略(即单边治理)(Frazier 和 Rody,1991;Brown 等,2009)、合同与关系(即双边治理)(Shou 等,2016;Kashyap 和 Murtha,2017;Zhang 等,2018;Gupta 等,2019;Milagres 和 Burcharth,2019)和社交网络(即多边治理)(Granovetter,1985;Tsai 和 Ghoshal,1998;Lin 等,2012)。

然而,无论是哪种治理策略都只是企业实施治理的指导方针或框架。那么企业间跨组织治理究竟是如何一步一步实施的?这一问题涉及实现跨组织治理的动态细节过程,而以前采用战略视角的研究很难回答这个问题。为了填补这一空白,本研究将采用一种崭新的视角——流程与控制论的视角(Kueng,1997;Hammer 和 Champy,2006;Ezekiel 等,2019;Carver 和 Scheier,1982;Snell,1992)来全面和系统地观察跨组织治理的动态过程与实施细节。

具体来说,流程是指企业为达到特定目标而执行的一系列固定的、重复的活动(Kueng,1997;Hammer 和 Champy,2006)。从控制论的视角来看,一个流程的内部元素(即活动或子流程)包括设定目标的准备阶段、执行计划的实施阶段和进行纠正的反馈阶段,这三个阶段将形成一个闭环(Carver 和 Scheier,1982;Snell,1992)。表 8-1 比较了基于战略视角的跨组织治理与基于流程与控制论视角的跨组织治理的差别。

8.1.2 研究问题

从流程和控制论的观点来看,跨组织治理的实施过程可以被概念化为跨组织治理流程。如此一来,本研究第一个研究问题如下。

Q1：从流程和控制论的视角看，企业实施跨组织治理都包含哪些流程？

接下来，在将跨组织治理概念化的基础上，本研究将进一步调查每个治理流程的内部动态结构及其核心活动（即子流程），这有助于了解跨组织治理的动态实施过程与细节。那么第二个研究问题如下。

Q2：在各跨组织治理流程中，哪些核心步骤决定了流程结果与产出？

表8-1 两种跨组织治理研究视角的比较

项目	基于战略视角的跨组织治理	基于流程与控制论视角的跨组织治理
关注的对象	跨组织治理的策略	实施跨组织治理的流程与核心活动
关注的问题与内容	●在跨组织合作中，企业不同治理策略的有效性 ●不同治理策略的底层机制 ●治理策略的前因、后果以及权变（或边界）因素	●跨组织治理的具体实施方式 ●跨组织治理流程的核心活动 ●这些核心活动的前因、后果以及权变（或边界）因素
理论基础（或研究视角）、概念维度或变量操作化	●权力-依赖理论 权力基础、强制性权力使用（或影响策略）、非强制性权力使用（或影响策略） ●交易成本理论 专有资产投入、环境不确定性、交换频率 ●社会交换理论（社会心理学） 信任、承诺、互惠、情感、社会规范 ●社会网络理论 关系网络嵌入度、情感和结构嵌入、强关系与弱关系、结构洞 ●合同理论与代理理论 合同完备性、合同定制、合同明确程度、合同执行、行为与结果监控	●流程视角 流程目标、流程核心活动、核心活动的衔接方式 ●控制论 准备阶段、行动阶段、反馈阶段、闭环、负反馈
实践意义	●提供关于这些跨组织治理策略如何起效的知识，帮助企业选择正确合适的治理策略以达到治理目标 ●了解不同跨组织治理策略的前因、结果以及权变（或边界）因素，帮助企业改善和提高跨组织治理的效率与效果	●提供关于跨组织治理的动态执行过程 ●关于跨组织治理流程核心活动的理解与知识，企业从而能够更为精细地调整对于跨组织治理的资源投入
以往研究的关注点	●社会交换（Heide和John，1992；Wang等，2013；Zhou等，2015；Gupta等，2019） ●合同（Shou等，2016；Kashyap和Murtha，2017；Zhang等，2018） ●专有资产投入（Jap和Ganesan，2000；Kang和Jindal，2015；Liu等，2017） ●治理策略的复合效果（Zhou和Xu，2012；Cao和Lumineau，2015；Wang等，2016）	●跨组织治理流程的动机模型（Rosenbloom，1978） ●企业间关系管理流程（Manuel Sanchez Vazquez等，2014；Mitrega和Pfajfar，2015） ●动态能力成熟度（Tran等，2019）

最后，每个流程的核心步骤（或子过程）都需要有各自明确的小目标（Kueng，1997；Hammer和Champy，2006），这些小的目标就构建了治理策略的微观环境。也就是说核心步骤（或子流程）的目标将标识出

一个个独特的微观治理环境。由于不同的治理策略遵循不同的机制（或逻辑），因而在同一个微观治理环境中有不同的表现。分散在各种核心步骤（即微观治理环境）中的各种表现集成在一起最终将呈现为治理策略的宏观效果。从这个角度看，各种治理策略可以从一个统一的框架来观察。因此，如何借助这个统一的框架来观察各种治理策略（即将各种治理策略映射到同一个框架中）将是一个值得研究的问题。因此，本研究第三个研究问题如下。

Q3：不同的治理策略会如何映射到各跨组织治理流程中的相关核心步骤（子流程）？

8.1.3 研究贡献

本研究的主要贡献有三方面。首先从流程视角来概念化跨组织治理，为研究者聚焦跨组织治理的动态细节提供了一个新的研究视角。在未来的研究中，该视角将为跨组织治理理论提供更多新的见解。此外，流程视角还为跨组织领域中日益兴起的基于大数据的人工智能（AI）战略价值研究提供情景化研究框架，该框架可以帮助研究者在特定的应用情境下理解这些技术的作用与价值。

第二，基于跨组织治理流程这一概念，本研究通过识别各个流程内部的核心步骤（即子流程）来打开跨组织治理过程的黑箱。这种方法为研究者提供了一个新的范式或框架来分析跨组织治理的具体细节。

第三，在以往的研究中，除了合同和关系之外，各种治理策略往往是单独被研究的。然而在真实的商业环境中，企业往往面临更复杂的情况。例如，在实施基于权力的治理策略时，企业仍然需要考虑合同、关系甚至社交网络战略的影响。因为这些策略的影响是难以分离。也就是说，在一个研究中只考虑一两个策略是远远不够的。相比之下，本研究将这些治理策略映射到治理流程的核心步骤中，从而能够同时分析多个治理策略的综合效果与影响，展示这些治理策略如何在不同流程的不同核心活动的表现，因此能够动态地展示跨组织治理策略的执行细节。通过这种方式，研究者能对跨组织治理策略和相应跨组织治理活动之间的动态过程有更细致的理解，因而有助于进一步完善跨组织治理理论和文献。

对于管理者来说，本研究为他们在执行跨组织管理工作时提供了三点启示。首先，管理者可以使用治理流程的视角来把握跨组织治理策略的动态执行过程。第二，管理者可以了解每一项活动的重要性与不可替代性，从而有助于他们更准确、更精细地调整跨组织治理的资源投入和安排。第三，管理者可以通过理解不同的治理策略如何映射到不同的跨组织治理流程的核心活动上，从而对组织资源的投入做出更令人满意和更详细的安排。

8.2 跨组织治理的三种策略

跨组织治理策略是指企业在跨组织合作中，能够有效影响合作伙伴决策与行为的方法与手段，由此双方能够更有效地协作达成双方共同目标（Anderson 和 Dekker，2005；Gencturk 和 Aulakh，2007；Kashyap 和 Murtha，2017）。在以往研究中，研究者已经非常细致地探讨了各种跨组织治理策略，并由此形成了三个主要研究流派。

具体而言，第一个流派的研究者经常采用权力或影响策略视角（即单边视角）来考察强制性和非强制性权力使用（或影响策略）的影响（Frazier 和 Rody，1991；Brown 等，2009）。这种治理策略的核心是权力基础理论或资源依赖理论，该策略认为企业可以凭借合作伙伴迫切需要（或依赖）的资源，单方面地影响或改变合作伙伴的选择、决策和行为（Rehme 等，2016；Johnston 等，2018）。

在第二个流派中，研究者主要采用双边视角，专注于以下三种具体策略：关系（或关系规范）（Heide 和 John，1992；Wang 等，2013；Zhou 等，2015；Gupta 等，2019），交易专有资产（transaction specific investment，TSI）（Jap 和 Ganesan，2000；Kang 和 Jindal，2015；Liu 等，2017），正式合同（Shou 等，2016；Kashyap 和 Murtha，2017；Zhang 等，2018），以及两种（或两种以上）策略的多重效应，特别是合同和关系规范（Cao 和 Lumineau，2015；Wang 等，2016）。在该流派中，正式合同和 TSI 策略以交易成本理论为基础，认为合作伙伴的决策与行为可以由明确的（或完整的）、具有法律强制力的正式合同来规范和控制（Anderson 和

Dekker，2005；Kashyap 等，2012；Kashyap 和 Murtha，2017）。关系（或关系规范）策略是以社会交换理论（social exchange theory，SET）、文化和社会心理学研究为基础的。该策略认为合作伙伴的决策与行为可以通过非强制性、非正式的但被广泛接受的关系规范或心理机制来影响与控制（Liu 等，2009；Lai 等，2011；Wang 等，2014）。

在第三个流派，研究者基于社会网络理论和社会资本研究，探讨了网络策略（即多边视角）。Granovetter（1985）提出企业间经济交换是紧密嵌入在社会网络之中的。因此，Jones 等（1997）将社会网络治理概念化为企业通过网络化的社会关系（即社会嵌入性）与合作伙伴协调实现共同目标的策略。他们将网络治理概念化为关系嵌入性和结构嵌入性（Granovetter，1985；Tsai 和 Ghoshal，1998；Lin 等，2012）。社会网络策略强调伙伴的交换行为可以由其在社会网络中的结构嵌入性和情感嵌入性来控制（Li 等，2008）。

8.3 跨组织治理流程的概念化

虽然流程观在 B2B 营销研究中并不少见，但采用流程观的研究还很少。1978 年 Rosenbloom 就提出了一个基于流程的框架来理解分销渠道中如何激励合作伙伴的动态过程，然而并没有后续研究遵循这一款框架。近年来，也有少数研究采用这一视角，例如 Manuel Sanchez Vazquez 等（2014）和 Mitrega 和 Pfajfar（2015）使用流程视角来分析企业间关系管理及其前因和后果。Tran 等（2019）构建了一个基于流程的模型来证明企业的动态能力是如何发展与成熟的。

在本研究中，研究者使用流程和控制论的视角将跨组织治理概念化为跨组织治理流程。具体来说，企业可以通过四个（子）流程来实施跨组织治理：①制定跨组织合作的目标（例如计划、政策和合同）作为跨组织治理的基础（以下简称设置目标流程）；②在合作伙伴遇到困难时，为其提供帮助以保障计划或合同的执行（以下简称提供帮助流程）；③控制合作伙伴的违规行为，如不按照计划生产，违反分销合同或促销政策等（以下简称控制违规流程）；④评估跨组织治理的结果与产出以改进企业未来的跨组织合作（以下简称绩效评价流程）。

在控制论的视角下（Carver 和 Scheier，1982；Snell，1992），这四个流程可以形成一个负反馈闭环来实现治理目标。具体来说，设置目标流程是跨组织治理的准备阶段。在此流程中，企业会制订合作计划与相关政策，明确企业与其合作伙伴的共同目标、各自的责任、权利及惩罚条款（Melão 和 Pidd，2000）。接下来，提供帮助流程属于实施阶段。在这个流程中，当合作伙伴遇到困难时，公司会及时帮助他们。依据社会交换理论（Liu 等，2009；Chiou 等，2010），这种支持性行为可以令合作伙伴感激，赢得对方的忠诚和服从，从而提高双方跨组织合作的效率和有效性。然后，控制违规流程也属于实施阶段。相比之下，这个流程处理的是合作伙伴违反协议、计划与政策的行为。在此流程中，企业将调查其合作伙伴是否违反事先约定的政策或合同条款。最后，绩效评估流程是反馈阶段，对企业与合作伙伴的跨组织合作进行准确评估（Ensslin 等，2017；Goldstein 等，2018），例如，销售增长和财务利益。评价结果可以指导企业调整其计划、政策和未来合作的合同条款（Tallon 等，2000）。

一般来说，这四个流程的有效性将决定跨组织治理的结果（Rho 和 Yu，1998；Lee 等，2015）。基于上述分析提出如下命题：

命题1：跨组织治理流程包括四个首尾相连的（子）流程，即设定目标流程、提供帮助流程、控制违规流程和绩效评估流程，这四个流程决定了跨组织治理的结果。

8.4 跨组织治理流程的核心步骤

8.4.1 制订目标流程的核心步骤

如上节所述，设定目标流程的任务是为双方的业务合作制订一个具体的计划与有效的政策。从控制论的视角来看，若要实现这一目标，四个步骤必不可少。具体而言，在准备阶段，第一个核心步骤是预测市场趋势，获得对未来市场的理解和知识。这种理解和知识是给未来合作提出高质量战略或解决方案的决定因素，特别是在市场动荡和竞争加剧时（Kahai 和 Cooper，2003；Mithas 和 Whitaker，2007；Wamba 等，2017）。因此，预测市场趋势将是本环节必不可少的工作，而且其将决定计划与政策的质量与效果。如果该流程缺失这一步骤，企业制订的计划与政策效果很可能较差甚至无效。

在准备阶段，第二个核心步骤是了解合作伙伴的需求。这一步骤强调公司与合作伙伴之间合作基础是双方彼此能获得互惠点（Kim 和 Hsieh，2003；Lai，2009）。因此，在制订计划与政策时，如果企业更好地了解合作伙伴的需求，并与对方充分地讨论与协商，从而尽可能制定出符合双方利益的计划与政策。这样的计划与政策会更容易被合作伙伴接受（Zhang 等，2018）。也就是说，这一核心步骤将确保计划与政策的可行性。

执行阶段的核心步骤是起草计划与政策的条款。在该步骤中，企业将明确跨组织合作的具体条款，如产品（或服务）类型、生产安排、时间节点等，然后将双方权利与义务写成明确的合同条款（Mooi 和 Ghosh，2010；Mooi 和 Gilliland，2013；Kashyap 和 Murtha，2017）。也就是说，这项核心步骤将以书面形式为该计划与政策提供法律基础（Mooi 和 Ghosh，2010；Mooi 和 Gilliland，2013；Kashyap 和 Murtha，2017），因而该步骤具有重要作用。

反馈阶段的核心步骤是与合作伙伴签署正式合同，这是双方对计划与政策的一种正式确认（Mooi 和 Ghosh，2010；Mooi 和 Gilliland，2013；Kashyap 和 Murtha，2017）。如果合作伙伴对计划与政策有异议，则可以返回到第三个核心步骤来修改直到双方重新达成一致，这一过程符合控制论的负面反馈原则。

通过上述分析，提出如下命题：

命题2：设置目标流程概括了四个核心步骤，即预测市场趋势、了解合作伙伴的需求、起草计划与政策条款、与合作伙伴签署正式合同。

8.4.2 提供帮助流程的核心步骤

该流程的目标是在合作伙伴遇到困难时为其提供充分、及时的帮助和指导。这一流程是跨组织治理中关系机制发挥影响与作用的主要环节。根据控制论的观点,这一流程中有四个步骤是关键且不可或缺的。

具体来说,准备阶段第一个核心步骤是了解合作伙伴的困难与问题。在该步骤中,企业能对合作伙伴碰到的困难与问题进行深入了解,并挖掘其背后原因(Zhou 等,2015;Wang 和 Zhang,2017)。该步骤将为后续提出解决方案提供明确的指导(Zhou 等,2015;Wang 和 Zhang,2017),从而体现其重要性。也就是说如果缺少该步骤,企业所提供的解决方案(即帮助和指导)也将缺乏针对性且效果较差。

在准备阶段,第二个核心步骤是设计解决方案。在这一步骤中,公司将根据第一个核心步骤的输出(即问题分析与结论),通过选择解决方案的要素(例如工具、方法和资源)来制定解决方案(Claro 等,2003;Wang 和 Zhang,2017)。企业能否有效地组织解决方案的要素将直接决定该方案的有效性,因而也影响提供帮助流程的效果。

实现阶段的核心步骤是实施解决方案。在这个步骤中,解决方案是否有效将是赢得合作伙伴的认可与满意的关键,也将直接决定该流程的成败。这是因为合作伙伴在接受帮助的同时也会评估帮助效果,从而在该步骤中形成对公司的正面或负面印象(Claro 等,2003;Zhou 等,2015)。根据印象,合作伙伴会形成不同的态度,如信任或不信任,忠诚或不忠诚,服从或不服从等。如果该步骤效果较差,将直接影响整个提供帮助流程的效果。

反馈阶段的核心步骤是评估当前解决方案的实施效果,从而为将来提供帮助打下基础。在这项步骤中,公司可以确定解决方案是否有效,哪些步骤应该调整或改进(Claro 等,2003;Zhou 等,2015)。因此,该步骤的结果将作为企业改进其他核心步骤效果的基础或依据。例如,通过评估,可以发现识别合作伙伴问题的更好方法。

通过上述分析,提出如下命题:

命题3:提供帮助流程包括四个核心步骤,分别是识别合作伙伴的问题、设计解决方案、实现解决方案以及评估帮助的结果以提高未来帮助效果。

8.4.3 控制违规流程的核心步骤

该流程的目标是及时准确地发现合作伙伴违反政策或合同条款的行

为（例如串货，违反供货优先级），以及在必要时实施惩罚。这一流程是跨组织治理强制性的一面，依赖于法律和政府监管体系。基于控制论的观点，该流程有三种步骤是不可或缺的。

在准备阶段，第一个关键的步骤是从企业外部或内部获取线索，例如其他销售区域分销商的举报，供应商的反馈，或销售经理的分析报告等（Kahai 和 Cooper，2003；Gencturk 和 Aulakh，2007）。该步骤将收集和提供数据、信息或证据，以表明合作伙伴实施了机会主义并反映其严重程度。因此，该步骤的有效性和效率将直接决定线索的质量（Kahai 和 Cooper，2003；Gencturk 和 Aulakh，2007）。如果这个步骤被忽视或效果不佳，那么企业获取的线索就会不可靠（甚至是错误的），从而降低后续步骤的效率。

一旦公司收到合作伙伴实施机会主义的线索，就可以启动第二个核心步骤（实施阶段），即核查其实施机会主义的事实与证据（并采取相应行动）。在该步骤中，公司将对合作伙伴的具体行为进行调查，了解其是否真的违反了双方的合同、计划或政策（Cavusgil 等，2004；Liu 等，2009）。调查结果将为企业实施（或不实施）制裁合作伙伴提供判断的依据。因此这一步骤是必不可少的，是企业控制合作伙伴机会主义的主要手段。

反馈阶段的核心步骤是评估合作伙伴机会主义控制的效果，从而提高未来这一流程的效率与效果。在该步骤中，公司可以评估制裁手段是否有效或者充分（Wang 等，2013；Xiao 等，2019），例如哪条合同条款的制裁效果最好，合同或政策条款中是否存在漏洞，以及漏洞的不良影响。该步骤的产出可被用于改进该流程之前的核心步骤（如核实事实和采取行动）和其他流程的核心步骤（例如，起草计划与政策条款）。因此，该步骤构成了控制违规流程不可缺少的一环。

综上所述，提出以下命题：

命题4：控制违规流程包括三个核心步骤，即获取线索、核查事实（并采取行动）、对控制结果进行评估以改进未来的控制工作。

8.4.4　绩效评价流程的核心步骤

该流程的目标是在双方一轮合作结束之后准确、客观地评估本轮合作的效果（Bello 等，2003；Poppo 和 Zhou，2014），如企业的收益、市场份额的提高程度、跨组织关系水平、合作伙伴的绩效与机会主义等。从控制论的观点来看，该流程有四种步骤是不可缺少的。

在准备阶段，第一个核心步骤是制定评价的指标。在该步骤中，企业为绩效评估设定评估的目标，设计或细化评估指标（Mooney 等，1996；Tallon 等，2000）。如果该步骤足够有效，那么它将划定一条具体和明确的基线，从而有利于后续评估活动的展开（Arnett 等，2003）。因此企业若跳过了这个步骤，那么后续的评估就会无法可依，评价的结果就失去对未来的跨组织合作的指导意义。

准备阶段的另一项核心步骤是收集评价所需的数据与信息。一方面，企业可以直接从制定目标流程产出的计划与政策中获取评价指标；另一方面，企业还需要开发额外的评价指标，如跨组织合作效率、企业间关系质量和客户满意度等。这样才能确保更全面的评价（Arnett 等，2003；Kahai 和 Cooper，2003）。因此，良好的数据和信息收集是评价绩效流程的必要一环。

在实施阶段，核心步骤是利用这些指标对业务合作的结果进行评价。评价者是否足够严格地遵循了评价要求，是否客观真实地实施评价。这些都将决定评价结果的可靠性与可信度（Tallon 等，2000；Arnett 等，2003）。因而该步骤是该流程的核心环节，将决定该流程的成败。

最后一个核心步骤是利用评估结果对未来跨组织治理进行改进，帮助企业制定更为有效的计划与政策，以及采取更为有效的帮助措施与惩治手段。首先，该步骤是绩效评估流程的反馈阶段。例如，利用评价结果改进未来一轮的指标，验证之前收集到的数据与信息（Kueng，1997；Melão 和 Pidd，2000）。其次，该步骤也是前三个跨组织治理流程的反馈阶段。例如，利用评价结果来提高双方制定计划与政策（由制定目标流程产生）的准确性和清晰度。因而这两方面都体现了该步骤的重要性。总的来说，上述分析表明：

命题5：绩效评价流程包括四个核心步骤，即制定评价指标、收集数据和信息、利用指标评价业务合作成果、利用评价结果改进未来跨组织治理流程。

8.5 跨组织治理流程与跨组织治理策略的对应关系

如上一节所述，四个治理流程由各种核心步骤组成。从流程的角度来看，这些步骤可以被视为（子）流程，并有各自相应的目标（Kueng，1997；Hammer 和 Champy，2006）。由于（流程）步骤目标的存在，这些（流程）步骤就构建了若干跨组织治理的具体情境。下面本研究将多种治理策略映射到这些具体情境中，从而分析各种跨组织治理策略的动态执行过程和实现细节（见表8-2）。

表8-2 跨组织治理流程核心步骤与跨组织治理策略的对应关系

流程	核心步骤	跨组织治理策略			
		单边治理策略	双边治理策略		多边治理策略
		权力	合同	关系	社会网络
制定目标流程（制定跨组织合作计划与政策）	①预测市场趋势	构建信息、专家、奖励和强制性权力	探索意外情况条款并制定明确的条款	提供帮助以做人情	构建结构性嵌入
	②了解合作伙伴的需求		设计定制化合同条款	建立互信和情感联系	协调多方利益以提高威信
	③起草计划与政策条款		制定合同条款		
	④与合作伙伴签署正式合同	构建基于制度的强制性权力	签订正式的合同条款	增进相互了解和承诺	构建社会网络嵌入
提供帮助流程（解决合作伙伴困难与问题）	①识别合作伙伴的问题			建立情感联系	提高在社会网络中的影响力
	②设计解决方案				
	③实现解决方案	使用奖励和强制性权力	履行支持性合同条款	履行承诺	在社会网络中发挥影响力
	④评估帮助的结果以提高未来帮助效果		优化支持性合同条款	体现关系质量	
控制违规流程（应对合作伙伴机会主义）	①获取线索		检查合同条款的执行情况	对互信和承诺造成威胁	
	②核查事实（并采取行动）	使用基于制度的强制性权力	执行强制性合同条款	调和冲突	在社会网络中发挥影响力
	③对控制结果进行评估以改进未来的控制工作		优化强制性合同条款	改进冲突管理	
绩效评价流程（评价跨组织治理的结果与效果）	①制定评价指标				
	②收集数据和信息				
	③利用指标评价业务合作成果				
	④利用评价结果改进未来跨组织治理流程	改善权力基础的薄弱环节	改进合同条款	改善关系管理	提高社会网络的嵌入性

8.5.1 治理策略与制定目标流程的对应关系

设定目标流程的第一个核心步骤是预测市场趋势，该步骤可以产生关于市场未来发展趋势的知识。基于资源依赖理论（RDT）（Rehme 等，2016），而这些知识可以构建信息和专家权力的基础。同时，这种知识也可以作为奖励（或胁迫）权力基础（Frazier 和 Rody，1991；Brown 等，2009）——如果合作伙伴服从（或不服从），知识可以是奖励（或惩罚，如果撤消）。在合同策略中，这些知识可被用于预测尽可能多的意外情况发生概率（Mooi 和 Ghosh，2010；Zhang 等，2018），从而有助于企业制定更为细致明确的合同条款以提高跨组织治理效果。在关系策略中，企业可以借助这些知识加强与合作伙伴的关系（Jap 和 Ganesan，2000；Bello 等，2003），以作为帮助对方的基础，从而赢得对方认可。最后，在网络策略中，企业可以向网络中的合作伙伴提供这些知识（例如市场预测），从而提高企业在社会网络中的结构嵌入性（Lin 等，2012；Wang 等，2013）。

该流程第二个核心步骤是理解合作伙伴的需求，该步骤可以帮助企业获得有关其合作伙伴的相关信息。因此，一方面这些信息可以帮助企业制定定制化合同条款（Kashyap 和 Murtha，2017；Zhang 等，2018），从而提高合同的完备性。另一方面，企业在该步骤中与合作伙伴认真沟通和协商，有助于双方建立互信和情感联系（Zhang 等，2017；Zhang 等，2018；Shen 等，2019）。相比之下，在网络策略中企业需要面临困难——多方合作伙伴的需要与利益更难协调。然而一旦成功，企业的声望就能增加，从而强化网络策略的治理效果（Jones 等，1997；Gupta 等，2019）。

第三个核心步骤是起草计划与政策条款，该步骤可以将跨组织治理策略以正式文本与具有法律条款的形式进行展示，从而具体说明合同治理策略的合同条款细节。

最后一个核心步骤是与合作伙伴签署正式合同，该步骤使计划与政策以法律和有约束力的形式表现出来（即正式合同条款）（Ness 和 Haugland，2005；Reuer 和 Ariño，2007）。因此，公司可以从合同条款中获得合法和强制性的权力（即权力策略）（Frazier 和 Rody，1991；Brown 等，2009）。此外，正式的合同条款也是双方相互理解和承诺的表现（即企业实现对关系治理策略至关重要的相互承诺）（Ness 和 Haugland，

2005；Li 等，2010；Zhang 等，2017）。最后，通过签订正式的合同，企业及其社会网络中的合作伙伴也可以提高他们在社会网络中的嵌入性（即企业网络策略的基础）（Antia 和 Frazier，2001；Li 等，2010）。

8.5.2 治理策略与提供帮助流程的对应关系

在这个流程中，第一个关键的步骤是识别合作伙伴的困难与问题，这不仅涉及对方问题的分析，还涉及对对方进行情感安慰，以缓解合作伙伴的痛苦和压力（即关系治理的基础）（Zhou 等，2015；Wang 和 Zhang，2017）。因此，该步骤可以与合作伙伴建立情感联系，从而更好地实施关系治理策略（Claro 等，2003；Zhou 等，2015）。对于网络策略，通过该步骤企业可以向社会网络中的其他成员表达善意（Jones 等，1997），这能增加企业在社会网络中的影响力。

第二个步骤是设计解决方案，该步骤是一个企业内部的活动，因此展示的治理策略效果很弱。相比较而言，第三个步骤是实施解决方案，该步骤则是一种跨组织活动，企业通过该步骤解决合作伙伴的问题（Claro 等，2003；Zhou 等，2015）。从权力策略的角度来看，企业在这一步骤中提供（或撤回）的帮助可以看作是一种奖励（或惩罚）。其次，从合同策略和关系策略的角度来看，约定帮助或支持内容的合同条款以及对这些条款的执行是双方承诺的表现。而且该步骤可以更好地体现网络策略的社会影响力，因为如果企业真正帮助合作伙伴摆脱困境，那么这一消息将在社会网络中传播，从而提高企业的威信与影响力（Jones 等，1997）。

最后一个步骤是评估解决方案的结果，该步骤也是一个内部操作，因而难以体现跨组织治理策略的效果。然而，该步骤的产出可以优化双方未来跨组织合作中支持性合同条款，为日后的跨组织合作提供基线（Kueng，1997）。

8.5.3 治理策略与控制违规流程的对应关系

控制违规流程包括三个核心步骤。第一个是获取合作伙伴机会主义行为的证据线索。对于合同策略而言，这种线索是来源于合同条款的执行情况（即合同治理策略的结果）（Anderson 和 Dekker，2005；Kashyap 和 Murtha，2017），因而与合同治理策略之间存在正相关关系。然而，在关系策略中，一旦企业实施这一步骤，则意味着双方之间的相互信任和承诺受到了伤害（Luo，2006；Hawkins 等，2008），因而该步骤与关系策略之间存在负相关关系。

第二项核心步骤是核实事实并采取行动，这一步骤是企业基于制度的强制性权力展现，即该步骤由国家强制性的法律所保护（Frazier 和 Rody，1991；Brown 等，2009）。类似地，如果公司因为合作伙伴违反规定而实施惩治，这样的行为也是由基于制度的强制性权力所保护。而在调查中，公司与合作伙伴就事实进行沟通与交流，如果能澄清事实，那么这一步骤是双方协调冲突的过程（即关系治理策略的实现）。最后，从社交网络视角来看，该步骤也是企业在该网络中实施社会影响的过程，其他社会网络成员会看到企业调查（甚至惩罚）该合作伙伴（即社会网络治理策略的实现）（Jones 等，1997）。

第三个核心步骤是评估惩治的效果，以改进后续的惩治工作。但这一步骤是企业内部的过程，因而并不会直接体现各种跨组织治理策略的效果。尽管如此，合同与关系策略可以表现出间接的影响，即评价结果一方面可以优化合同条款中有关惩罚性条款，为今后企业的跨组织治理提供合同条款保障；另一方面，企业也通过评估活动积累了丰富的跨组织冲突管理的经验，从而为未来的关系治理提供指导。

8.5.4 治理策略与绩效评价流程的对应关系

绩效评估流程是其他三个跨组织治理流程的反馈阶段。因此，该流程主要是面向内部的，其核心步骤集中于内部操作。前三个核心步骤产生评估结果，而最后一个核心步骤是利用评估结果来改善和提高之前其他流程的效率与效果，从而改善未来跨组织治理的有效性和效率（Kueng，1997），从而间接展现跨组织治理策略的效果。

值得注意的是，对于权力策略而言，这一步骤可以表明企业在未来如果采用权力策略时的薄弱环节。接下来，该步骤还将有助于发现支持型与惩罚性合同条款的漏洞，从而有助于企业完善其合同条款与合同执行的效果（即合同战略）。类似地，对于关系治理策略而言，该步骤可以对双方关系互动的效果进行评价，从而发现关系互动的不足与漏洞。最后，网络策略强调网络的嵌入性，因此企业可以通过对社会网络治理策略实施的结果进行评估，总结成功与不成功之处，从而提高企业在社交网络的嵌入水平，为今后采用基于社会网络治理策略打下基础。

8.6 结论与讨论

虽然跨组织治理长期以来都是营销战略、企业战略、组织管理领域的研究热点，各种治理策略也得到了广泛的研究，但以往研究对跨组织治理策略的动态性和实施细节还缺乏认识。为了填补这个空白，本研究首先采用流程和控制论的观点概念化四个跨组织治理流程。其次，本研究确定了四个流程中各自的核心步骤，以揭示跨组织治理的内部构成。表8-3对每个核心步骤的重要性进行了总结。本研究还总结了四个命题，为跨组织治理动态结构提供新的见解。再次，基于跨组织治理流程的概念与核心步骤的识别，本研究还进一步探讨了治理策略与治理流程之间的映射关系（见表8-2），从而展示治理策略在核心步骤中的各种表现。

表8-3 核心步骤的总结

流程	核心步骤	步骤的重要性
制定目标流程	① 预测市场趋势	掌握对未来市场有重大影响的合作计划与政策的知识
	② 了解合作伙伴的需求	与合作伙伴建立合作基础
	③ 起草计划与政策条款	以书面形式为计划与政策提供法律依据
	④ 与合作伙伴签署正式合同	赢得合作伙伴的认可
提供帮助流程	① 识别合作伙伴的问题	为解决问题提供明确的方向
	② 设计解决方案	确保帮助和指导的有效性
	③ 实现解决方案	为合作伙伴提供帮助和引导
	④ 评估帮助的结果以提高未来帮助效果	为前几轮关键活动提供改进基础
控制违规流程	① 获取线索	收集合作伙伴实施机会主义的证据
	② 核查事实（并采取行动）	调查事实并实施惩罚
	③ 对控制结果进行评估以改进未来的控制工作	为之前关键活动提供改进的基础，以提高未来的跨组织治理效率

续表

流程	核心步骤	步骤的重要性
绩效评价流程	① 制定评价指标	为绩效评估构建一个有效和清晰的基线
	② 收集数据和信息	为综合评价提供数据和信息
	③ 利用指标评价业务合作成果	实施评价的行为
	④ 利用评价结果改进未来跨组织治理流程	提高前三个治理流程和相应关键活动的有效性

8.6.1 理论贡献

企业跨组织合作的效率与效果由企业跨组织治理策略的有效性所决定，因而各种跨组织治理策略成为研究者关注的重点。尽管先前的研究已经细致地探讨和检验了各种治理策略（权力、关系、合同和社会网络），但跨组织治理的动态过程和实现细节仍然不清楚。

首先本研究利用流程和控制论的观点（Kueng，1997；Hammer 和 Champy，2006），构建了四种跨组织治理流程，为跨组织治理理论和文献提供了一组新的概念。通过这些概念，未来的研究可以描述跨组织治理的动态特征。

其次，通过再次使用流程和控制论，本研究还识别了这四个流程的核心步骤，从而剖析了四种跨组织治理流程。就像使用显微镜一样，这种剖析提供了一个微观的研究范式来观察跨组织治理的具体动态，提示研究者企业究竟会如何执行跨组织治理活动。此外，这些步骤也可以作为研究者细致观察各种治理策略之间交互、协调甚至冲突的具体情境。

最后，本研究讨论了各种治理策略如何映射到四个流程的不同核心步骤中，从而展现了特定情景（即步骤）中各种跨组织治理策略之间的相互作用。因此，这些结果将为现有的治理文献贡献更多关于跨组织治理的动态细节与知识。

8.6.2 管理启示

本研究的发现为负责跨组织业务合作的管理者提供了三个有见地的建议。首先，除了采用适当的治理策略之外，管理者还应该关注跨组织治理实现的具体方式，因为有效的治理流程可以加强跨组织治理的有效性。其次，确定的四个流程的核心步骤可以提高管理者的工作效率和有效性，为他们在需要调整跨组织治理时提供基础。最后，本研究还强调了核心步骤的治理策略的各种演示，这将帮助管理者做出更具体和准确的资源安排和投资。

8.7 局限性和未来研究方向

本研究建立了一个理论概念来描述跨组织治理的动态和实现细节。因此，本研究的主要局限是缺乏实证证据来支持这一概念。在下一阶段，应通过实证分析对所提出的概念进行严格检验。具体而言，研究者可以首先采用案例研究的方法来探索跨组织治理结构，确定是什么流程产生了跨组织治理。接下来，研究者可以采用扎根法来识别每个流程的核心步骤，并找到证据来证明它们的重要性。

接下来，在概念化的基础上，进一步发展核心概念的操作化，如核心步骤的有效性。在操作化的基础上，可以进一步实证地探讨四种跨组织治理流程的前因与后果，如企业的文化、战略、资源等。

在此基础上，本研究还展望了两个未来研究方向。

8.7.1 核心步骤中不同治理策略的协同效应

本研究只是初步探讨了不同治理策略如何在四个治理流程的核心步骤中体现，而一个特定的核心步骤中多种策略如何产生协同效应值得研究。因为在真实的企业实践中，企业通常都是同时采用多种治理策略来实现治理的目标（Brown，2000；Carson 等，2006 年；Lin 等，2012）。也就是说，在核心步骤中对治理效果的体现不会只有某一种策略，而是多个策略的综合体现。例如，在核心步骤预测市场趋势中，可以体现权力策略（即使用预测作为信息和专家权力基础）、合同治理策略（即设计更明确的条款，以准确的市场预测为指导和参考）、关系治理策略（即将预测结果提供给对方以体现互惠）和社会网络治理策略（即向合作伙伴提供市场预测以加强结构嵌入）。然而，这些治理策略是如何在预测市场趋势时相互协同？在某些特定的步骤中，治理策略之间会相互强化或抵消吗？对这些问题的研究将有助于发现更多具体业务情景下跨组织治理策略的复合效果。

8.7.2 情景化 AI 在核心步骤中的应用

近年来，新兴的信息技术——基于大数据的人工智能（AI）已经成为提高商业运营效率和效果的有前景的技术。然而，AI 其本质是各种应用场景下的具体应用（Kaplan 和 Haenlein，2019）。因此，当研究者提到 AI，就必须明确其使用场景（Kaplan 和 Haenlein，2019），例如自动驾驶、知识管理、语音识别等。同样的，在跨组织治理研究中，研究者也需要明确 AI 的应用情境，这样才能准确理解 AI 在跨组织治理中的作用或价值。在这一点上，本研究发现的若干核心步骤将是后续研究的理想选择。例如，在预测市场趋势时，企业目标是明确和清晰的——形成关于未来市场的知识。因此，研究者可以专注于涉及知识管理的人工智能技术（如数据挖掘、自然语言处理、语义识别等），并研究这些人工智能技术在此类特定步骤（情境）中的作用。因此，这些核心步骤将为研究者打开一扇新的大门。

参考文献

Anderson S W, Dekker H C, 2005. Management control for market transactions: The relation between transaction characteristics, incomplete contract design, and subsequent performance[J]. Management Science, 51(12): 1734-1752.

Antia K D, Frazier G L, 2001. The severity of contract enforcement in interfirm channel relationships[J]. Journal of Marketing, 65(4): 67-81.

Arnett D B, Laverie D A, Meiers A, 2003. Developing parsimonious retailer equity indexes using partial least squares analysis: A method and applications[J]. Journal of Retailing, 79(3): 161-170.

Bello D C, Chelariu C, Zhang L, 2003. The antecedents and performance consequences of relationalism in export distribution channels[J]. Journal of Business Research, 56(1): 1-16.

Brown J, Grzeskowiak S, Dev C, 2009. Using influence strategies to reduce marketing channel opportunism: The moderating effect of relational norms[J]. Marketing Letters, 20(2): 139-154.

Brown J R, Dev C S, Lee D J, 2000. Managing marketing channel opportunism: The efficacy of alternative governance mechanisms[J]. Journal of Marketing, 64(2): 51-65.

Cao Z, Lumineau F, 2015. Revisiting the interplay between contractual and relational governance: A qualitative and meta-analytic investigation[J]. Journal of Operations Management, 33-34(1): 15-42.

Carson S J, Madhok A, Wu T, 2006. Uncertainty, opportunism, and governance: The effects of volatility and ambiguity on formal and relational contracting[J]. Academy of Management Journal, 49(5): 1058-1077.

Carver C S, Scheier M F, 1982. Control theory: A useful conceptual framework for personality-social, clinical, and health psychology[J]. Psychological Bulletin, 92(1): 111-135.

Cavusgil S T, Deligonul S, Chun Z, 2004. Curbing foreign distributor opportunism: An examination of trust, contracts, and the legal environment in international channel relationships[J]. Journal of International Marketing, 12(2): 7-27.

Chiou J, Wu L, Chuang M, 2010. Antecedents of retailer loyalty: Simultaneously investigating channel push and consumer pull effects[J]. Journal of Business Research, 63(4): 431-438.

Claro D P, Hagelaar G, Omta O, 2003. The determinants of relational governance and performance: How to manage business relationships?[J]. Industrial Marketing Management, 32(8): 703-716.

Ensslin L, Ensslin Sandra R, Dutra A, et al, 2017. BPM governance: A literature analysis of performance evaluation[J]. Business Process Management Journal, 23(1): 71-86.

Ezekiel K, Vassilev V, Ouazzane K, et al, 2019. Adaptive business rules framework for workflow management[J]. Business Process Management Journal, 25(5): 948-971.

Frazier G L, Rody R C, 1991. The use of influence strategies in interfirm relationships in industrial product channels[J]. Journal of Marketing, 55(1): 52-69.

Gencturk E F, Aulakh P S, 2007. Norms-and control-based governance of international manufacturer-distributor relational exchanges[J]. Journal of International Marketing, 15(1): 92-126.

Goldstein A, Johanndeiter T, Frank U, 2018. Business process runtime models:

Towards bridging the gap between design, enactment, and evaluation of business processes[J]. Information Systems and e-Business Management, 17(1): 27-64.

Granovetter M, 1985. Economic action and social structure: The problem of embeddedness[J]. American Journal of Sociology, 91(3): 481-510.

Gupta A, Kumar A, Grewal R, et al, 2019. Within-seller and buyer–seller network structures and key account profitability[J]. Journal of Marketing, 83(1): 108-132.

Hammer M, Champy J, 2006. Reengineering the Corporation: A Manifesto for Business Revolution[M]. New York: Harper Business.

Hawkins T G, Wittmann C M, Beyerlein M M, 2008. Antecedents and consequences of opportunism in buyer-supplier relations: Research synthesis and new frontiers[J]. Industrial Marketing Management, 37(8): 895-909.

Heide J B, John G, 1992. Do norms matter in marketing relationships?[J]. Journal of Marketing, 56(2): 32-44.

Jap S D, Ganesan S, 2000. Control mechanisms and the relationship life cycle: Implications for safeguarding specific investments and developing commitment[J]. Journal of Marketing Research, 37(2): 227-245.

Johnston W J, Le A N H, Cheng J M, 2018. A meta-analytic review of influence strategies in marketing channel relationships[J]. Journal of the Academy of Marketing Science, 46(4): 674-702.

Jones C, Hesterly W S, Borgatti S P, 1997. A general theory of network governance: Exchange conditions and social mechanisms[J]. Academy of Management Review, 22(4): 911-945.

Kahai S S, Cooper R B, 2003. Exploring the core concepts of media richness theory: The impact of cue multiplicity and feedback immediacy on decision quality[J]. Journal of Management Information Systems, 20(1): 263-299.

Kang B, Jindal R P, 2015. Opportunism in buyer–seller relationships: Some unexplored antecedents[J]. Journal of Business Research, 68(3): 735-742.

Kaplan A, Haenlein M, 2019. Siri, Siri, in my hand: Who's the fairest in the land? On the interpretations, illustrations, and implications of artificial intelligence[J]. Business Horizons, 62(1): 15-25.

Kashyap V, Antia K D, Frazier G L, 2012. Contracts, extra-contractual incentives, and ex post behavior in franchise channel relationships[J]. Journal of Marketing Research, 49(2): 260-276.

Kashyap V, Murtha B R, 2017. The joint effects of ex ante contractual completeness and ex post governance on compliance in franchised marketing channels[J]. Journal of Marketing, 81(3): 130-153.

Kim S K, Hsieh P, 2003. Interdependence and its consequences in distributor-supplier relationships: A distributor perspective through response surface approach[J]. Journal of Marketing Research, 40(1): 101-112.

Kueng P, 1997. Goal-based business process models: Creation and evaluation[J]. Business Process Management Journal, 3(1): 17-38.

Lai C S, 2009. The use of influence strategies in interdependent relationship: The moderating role of shared norms and values[J]. Industrial Marketing Management, 38(4): 426-432.

Lai F, Tian Y, Huo B, 2011. Relational governance and opportunism in logistics outsourcing relationships: Empirical evidence from China[J]. International Journal of Production Research, 50(9): 2501-2514.

Lee D, Rho B, Yoon S N, 2015. Effect of investments in manufacturing practices on process efficiency and organizational performance[J]. International Journal of Production Economics, 162: 45-54.

Li J J, Poppo L, Zhou K Z, 2008. Do managerial ties in China always produce value? Competition, uncertainty, and domestic vs foreign firms[J]. Strategic Management Journal, 29(4): 383-400.

Li J J, Poppo L, Zhou K Z, 2010. Relational mechanisms, formal contracts, and local knowledge acquisition by international subsidiaries[J]. Strategic Management Journal, 31(4): 349-370.

Lin H, Huang H, Lin C, Hsu W, 2012. How to manage strategic alliances in OEM-based industrial clusters: Network embeddedness and formal governance mechanisms[J]. Industrial Marketing Management, 41(3): 449-459.

Liu Y, Li Y, Shi L H, et al, 2017. Knowledge transfer in buyer-supplier relationships: The role of transactional and relational governance mechanisms[J]. Journal of Business Research, 78(9): 285-293.

Liu Y, Su C T, Li Y, et al, 2009. Managing opportunism in a developing interfirm relationship: The interrelationship of calculative and loyalty commitment[J]. Industrial Marketing Management, 39(5): 844-852.

Luo Y, 2006. Opportunism in inter-firm exchanges in emerging markets[J]. Management and Organization Review, 2(1): 121-147.

Manuel Sanchez Vazquez J, Cuevas Rodriguez G, Kekale T, 2014. The role of control systems in partner selection/evaluation processes in established distribution channels[J]. Baltic Journal of Management, 9(4): 426-445.

Melão N, Pidd M, 2000. A conceptual framework for understanding business processes and business process modelling[J]. Information Systems Journal, 10(2): 105-129.

Milagres R, Burcharth A, 2019. Knowledge transfer in interorganizational partnerships: What do we know?[J]. Business Process Management Journal, 25(1): 27-68.

Mithas S, Whitaker J, 2007. Is the world flat or spiky? Information intensity, skills, and global service disaggregation[J]. Information Systems Research, 18(3): 237-259.

Mitrega M, Pfajfar G, 2015. Business relationship process management as company dynamic capability improving relationship portfolio[J]. Industrial Marketing Management, 46: 193-203.

Mooi E A, Ghosh M, 2010. Contract specificity and its performance implications[J]. Journal of Marketing, 74(2): 105-120.

Mooi E A, Gilliland D I, 2013. How contracts and enforcement explain transaction outcomes[J]. International Journal of Research in Marketing, 30(4): 395-405.

Mooney J G, Gurbaxani V, Kraemer K L, 1996. A process oriented framework for assessing the business value of information technology[J]. SIGMIS Database, 27(2): 68-81.

Ness H, Haugland S A, 2005. The evolution of governance mechanisms and negotiation strategies in fixed-duration interfirm relationships[J]. Journal of Business Research, 58(9): 1226-1239.

Poppo L, Zhou K Z, 2014. Managing contracts for fairness in buyer–supplier exchanges[J]. Strategic Management Journal, 35(10): 1508-1527.

Rehme J, Nordigården D, Ellström D, et al, 2016. Power in distribution channels — Supplier assortment strategy for balancing power[J]. Industrial Marketing Management, 54: 176-187.

Reuer J J, Ariño A, 2007. Strategic alliance contracts: dimensions and determinants of contractual complexity[J]. Strategic Management Journal, 28(3): 313-330.

Rho B, Yu Y, 1998. A comparative study on the structural relationships of manufacturing practices, lead time and productivity in Japan and Korea[J]. Journal of Operations Management, 16(2): 257-270.

Rosenbloom B, 1978. Motivating independent distribution channel members[J]. Industrial Marketing Management, 7(4): 275-281.

Shen L, Su C, Zheng X, Zhuang G, 2019. Contract design capability as a trust enabler in the pre-formation phase of interfirm relationships[J]. Journal of Business Research, 95: 103-115.

Shou Z, Zheng X, Zhu W, 2016. Contract ineffectiveness in emerging markets: An institutional theory perspective[J]. Journal of Operations Management, 46(1): 38-54.

Snell S A, 1992. Control theory in strategic human resource management: The mediating effect of administrative information[J]. Academy of Management Journal, 35(2): 292-327.

Tallon P P, Kraemer K L, Gurbaxani V, 2000. Executives' perceptions of the business value of information technology: A process-oriented approach[J]. Journal of Management Information Systems, 16(4): 145-173.

Tran Y, Zahra S, Hughes M, 2019. A process model of the maturation of a new dynamic capability[J]. Industrial Marketing Management, 83: 115-127.

Tsai W, Ghoshal, S, 1998. Social capital and value creation: The role of intrafirm networks[J]. The Academy of Management Journal, 41(4): 464-476.

Wamba S F, Gunasekaran A, Akter S, et al, 2017. Big data analytics and firm performance: Effects of dynamic capabilities[J]. Journal of Business Research, 70: 356-365.

Wang D T, Gu F F, Dong M C, 2013. Observer effects of punishment in a distribution network[J]. Journal of Marketing Research, 50(5): 627-643.

Wang G, Wang X, Zheng Y, 2014. Investing in guanxi: An analysis of interpersonal relation-specific investment (RSI) in China[J]. Industrial Marketing Management, 43(4): 659-670.

Wang J J, Zhang C, 2017. The impact of value congruence on marketing channel relationship[J]. Industrial Marketing Management, 62: 118-127.

Wang M, Zhang Q, Wang Y, et al, 2016. Governing local supplier opportunism in China: Moderating role of institutional forces[J]. Journal of Operations Management, 46(1): 84-94.

Xiao Z, Dong Maggie C, Zhu X, 2019. Learn to be good or bad? Revisited observer effects of punishment: Curvilinear relationship and network contingencies[J]. Journal of Business & Industrial Marketing, 34(4): 754-766.

Zhang C, Bai X, Gu F F, 2018. Contract learning in the aftermath of exchange disruptions: An empirical study of renewing interfirm relationships[J]. Industrial Marketing Management, 71: 215-226.

Zhang Q, Zhou K Z, Wang Y, et al, 2017. Untangling the safeguarding and coordinating functions of contracts: Direct and contingent value in China[J]. Journal of Business Research, 78: 184-192.

Zhou K Z, Xu D, 2012. How foreign firms curtail local supplier opportunism in China: Detailed contracts, centralized control, and relational governance[J]. Journal of International Business Study, 43(7): 677-692.

Zhou Y, Zhang X, Zhuang G, et al, 2015. Relational norms and collaborative activities: Roles in reducing opportunism in marketing channels[J]. Industrial Marketing Management, 46: 147-159.

9

基于大数据技术的跨组织合作策略对合作绩效的影响:跨组织治理情境的权变影响

9.1 研究问题与研究意义

9.1.1 研究背景与研究问题

近年来，大数据技术在帮助企业提高管理效率，提高决策准确性方面发挥了重要作用（Chen 等，2022；Elia 等，2022；Zhang 等，2022）。有越来越多的企业开始使用大数据技术获取竞争优势，认为这是一种能够改变竞争方式、营销方式的新型技术（Elia 等，2022；Grover 等，2018；Mikalef 等，2020）。对此，现在有许多研究开始探讨企业使用大数据技术对企业绩效（Akter 等，2016；Popovic 等，2018；Wamba 等，2017）、竞争优势（Shamim 等，2020；Shi 和 Wang，2018）、供应链管理效率（Dennehy 等，2021；Jha 等，2020；Yu 等，2021）、企业组织结构（Dubey 等，2019；Mikalef 等，2021；Wang 等，2018）等方面的影响。然而迄今为止，并未发现有研究探讨大数据技术对企业跨组织合作的影响与改变。

具体而言，跨组织合作是当前企业对供应链、战略联盟、营销渠道管理的具体形式，也是企业完成价值创造、价值传递、价值升值的主要手段（Brown 等，2006；Jap 和 Anderson，2003；Poppo 等，2008）。因此，如何提高跨组织合作的绩效与水平就成为众多企业关注的重点问题之一。以往对于跨组织合作的研究主要从关系交换与交易成本理论两个视角入手，前者沿着信任、承诺、关系互动的逻辑探讨相关因素对跨组织合作的影响（Lai 等，2011；Liu 等，2009；Wang 等，2014；Zhou 和 Xu，2012），后者沿着交易成本、机会主义的逻辑探讨相关因素对跨组织合作的影响（Lai 等，2011；Liu 等，2009；Zhou 和 Poppo，2010；Zhou 和 Xu，2012）。不过，以往这两个方面的研究均缺乏对于大数据技术的关注。那么大数据技术的使用对于企业开展跨组织合作究竟有哪些影响，企业究竟应怎样正确使用大数据技术来提高其跨组织合作的效率与效果？

本研究正是针对上述问题展开，采用动态能力的视角并结合大数据分析能力的相关研究，探讨基于大数据的预防型合作策略与拓展型合作策略对跨组织合作绩效的影响。在此基础上，本研究还进一步关注权力（Chae 等，2017；Johnston 等，2018；Rehme 等，2016）、关系（Chen 和 Wu，2011；Wang 和，2014；Zhuang 等，2010）与合同（Gorovaia 和

Windsperger，2018；Shen 等，2019；Zhang 等，2018）这三种跨组织治理机制的情境属性，并探讨不同治理情境对这两种基于大数据合作策略效果的权变影响。研究模型如图 9-1 所示。

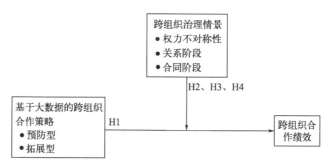

图 9-1　模型与假设

9.1.2　理论意义

本研究的理论意义主要体现在以下三点。首先，本研究关注大数据技术在跨组织合作之中的应用，并据此提炼出预防型与拓展型两种基于大数据的跨组织合作策略，从而将大数据相关概念引入跨组织合作领域。其次，本研究探讨了两种合作策略对跨组织合作产生影响的两条路径（洞察数据规律与构建数据情景），从而有效地拓展了跨组织合作理论与研究。最后，本研究还进一步探讨了权力不对称性、关系阶段与合同阶段这三种跨组织治理情境的权变影响，进一步完善了基于大数据的跨组织合作研究。

9.1.3　实践价值

相应的，本研究的实践价值主要体现在以下几个方面。第一，通过本研究企业可以在如何借助大数据技术促进跨组织合作方面获得指导，了解大数据技术在跨组织合作中发挥的作用与价值。第二，通过本研究，企业可以了解在不同的权力不对称性下，不同关系发展阶段下，以及不同合同进展阶段下，两种基于大数据的合作策略效果的变化。相关研究结论可以为企业在不同的情境下选择合适的合作策略提供指导，帮助企业有效提高跨组织合作绩效。

9.2 研究假设

9.2.1 预防型与拓展型合作策略与跨组织合作绩效

根据以往大数据技术及其商业价值相关研究的发现，大数据技术可以塑造企业的两种能力：洞察数据规律（Ashaari 等，2021；Dennehy 等，2021；Xiao 等，2020）与构建数据场景（Elia 等，2022；Mikalef 等，2021；Munir 等，2022；Yu 等，2021）。其中前者是发挥大数据技术收集、清洗与分析大量数据的优势，从海量数据中发现对企业有价值的规律与要素，帮助企业锁定关键问题，寻找改进方向，了解市场动向等（Ashaari 等，2021；Dennehy 等，2021；Xiao 等，2020）。后者则是发挥大数据存储、重组数据并在线业务场景的优势，从海量数据中根据需要构建虚拟数据场景（如元宇宙、数字孪生）的能力，帮助企业探索未知领域、创新业务模式、寻找新的市场机会等（Elia 等，2022；Mikalef 等，2021；Munir 等，2022；Yu 等，2021）。根据大数据分析能力研究的观点，这两种能力是企业基于大数据技术之上的企业动态能力（Mikalef 等，2020；Mikalef 等，2021；Xiao 等，2020），可以在具体应用场景中形成该场景下的具体能力。

聚焦在跨组织合作场景，这两种能力也可以帮助企业形成该场景下的动态能力（Dennehy 等，2021；Jha 等，2020；Munir 等，2022；Yu 等，2021），并进而实现两种过去难以实现的跨组织合作策略：预防型合作策略与拓展型合作策略。具体而言，预防型合作策略基于大数据技术的洞察能力之上，即利用大数据技术实时监控、快速分析、挖掘数据规律的能力，帮助双方实时了解合作进展，尽早发现潜在威胁，提出更多样解决方案，这样就能有效促进双方合作的绩效。

相比而言，探索型合作策略基于大数据技术重构数据场景的能力之上，利用大数据呈现与再现能力，构建数字化的业务场景。这样一来，企业凭借这种数字工具可以尽可能地探索各种业务领域与组合，寻找企业资源与能力的最佳组合，以及潜在的合作领域，从而帮助企业提高资源利用率，拓展双方的合作模式，并最终获得更好的跨组织合作绩效。

根据上述分析，提出如下假设：

H1：企业实施（a）基于大数据的预防型合作策略/（b）基于大数据的拓展型合作策略可以提高跨组织合作绩效。

9.2.2 权力不对称性的权变影响

权力不对称性指合作双方之间相对于对方的权力的差异，或是双方对彼此依赖的差异（Casciaro 和 Piskorski，2005）。根据资源依赖理论（Pfeffer 和 Salancik，1978），这种不对称性主要来源于彼此对对方拥有的、不可替代的、有价值的资源（或能力）依赖的不平衡（Hopkinson 和 Blois，2014；Jain 等，2014；Krafft 等，2015）。在双方合作中，这种不对称性将塑造双方的合作关系与地位，并影响双方在合作过程中的行为。

具体而言，若双方权力不对称性高则说明在双方合作关系中一方居于主导地位且制定规则，另一方需要服从并遵守其制定的规则（Casciaro 和 Piskorski，2005；Hu 等，2021）。由于这种合作是基于地位和规则的，因此不可避免地存在机会主义（Handley 和 Jr. Benton，2012）。合作方可能通过欺骗、隐瞒、主动逃避等行为来破坏规则，从而获得更多的收益（或节省成本）（Rindfleisch 等，2010；Wang 等，2016）。对于这种情况，基于大数据的预防型合作策略则更为有效。这是因为该策略可以通过大数据技术对对方行为实时监控，收集对方各种数据与信息并留下证据（Ciampi 等，2021；Xiao 等，2020；Yu 等，2021）。基于此，企业能分析、识别并尽早发现对方的动向与意图，并在对方实施机会主义行为之前就予以制止，从而保护企业利益。在此基础上，这种策略留下的证据也可以作为企业拒绝对方过分要求（或实施处罚）的依据，有理有据地说服对方，让对方认识到其自身的错误，由此保证双方合作的正常进行。

相比而言，若双方权力不对称性低则意味着合作双方地位均等，合作的模式与规则均是双方协商而定（Casciaro 和 Piskorski，2005；Hu 等，2021）。因此这样的合作是基于彼此的尊重与信任，双方将更加投入与真诚（Zhou 等，2015）。对于这种情况，基于大数据的探索型合作策略则更为有效。这是因为，这种合作双方往往有着比较明确和共同的目标。而基于大数据的探索型合作策略则能通过分析双方业务数据规律，尝试构建新型的业务场景来探索双方其他可能的合作机会与模式（Choi 和 Park，2022；Lin 等，2022；Yu 等，2021），从而将双方共同利益做大，这样双方都能通过合作获得更多收益。

根据上述分析，提出如下假设：

H2：（a）权力不对称程度高/（b）权力不对称程度低的情境下，企业实施（a）基于大数据的预防型合作策略/（b）基于大数据的拓展型合作策略能更有效提高企业跨组织合作绩效。

9.2.3 关系发展阶段的权变影响

从关系动态发展的理论视角来看，企业间跨组织关系都不是一成不变的，而是会经历关系的建立、发展、维持与终结这样一个动态的过程（Faems 等，2008；Park 和 Luo，2001；Wathne 等，2018），这样才能比较全面地刻画双方关系变化过程。双方在关系发展的每个阶段都会持续一段时间，因此从这个视角来看，跨组织关系的不同阶段就具有情境属性。在不同阶段（情境下），双方关系互动的目标与方式也有本质区别。

具体而言，在关系建立与发展阶段，双方的互动目标往往以了解对方，寻找共同利益，构建合作基础为主要目标（Faems 等，2008；Park 和 Luo，2001；Wathne 等，2018）。因此在这两个阶段，基于大数据的探索型合作策略将更为有效。这是因为通过该策略企业可以充分探索、挖掘和洞察双方未来可能的合作领域、形式与方向（Elia 等，2022；Mikalef 等，2021；Munir 等，2022；Yu 等，2021），从而发现更多潜在合作的可能性，有助于双方更好地了解彼此需求，锁定双方的共同利益基础。基于此，双方通过合作能获得更多的收益。

相比而言，在关系维持与终结阶段，双方已经对彼此有了充分的了解和认识，对对方的利益关注点和需求也比较了解，此时双方的合作已经从探索转向稳定与效率（Faems 等，2008；Park 和 Luo，2001；Wathne 等，2018）。因此在这种情况下，基于大数据的预防型合作策略将更为有效。这是因为，通过大数据技术企业可以实时了解双方合作进展情况，掌握合作的总体情况并能通过大数据分析挖掘和洞悉潜在的风险与存在的问题（Ashaari 等，2021；Dennehy 等，2021；Xiao 等，2020），从而帮助双方及时处理与预防，将问题与风险抑制在萌芽状态，并最终保证双方通过合作获得稳定的收益。

根据上述分析，提出如下假设：

H3：双方处于关系（a）建立与发展阶段/（b）成熟与解体阶段时，企业实施（a）基于大数据的拓展型合作策略/（b）基于大数据的预防型合作策略能更有效提高跨组织合作绩效。

9.2.4 合同协商与执行阶段的权变影响

根据以往合同治理研究，许多企业通过与合作伙伴签订合同的方式约定彼此的权利与义务，具有强制性约束力（Lumineau 等，2011；Lusch 和 Brown，1996；Reuer 和 Ariño，2007）。同时，合同也是双方在未来预期上达成的共识以及确定的共同目标（Lumineau 等，2011；Lusch 和 Brown，1996；Reuer 和 Ariño，2007）。由于合同具有上述特点，企业采用合同作为跨组织合作模式时也需要经历合同协商与合同执行两个阶段（Achrol 和 Gundlach，1999；Jap 和 Ganesan，2000），分别需要持续一段时间，因此具有情境特征。而且，双方在合同协商与执行两个阶段的关注点存在明显差异。

具体而言，在合同协商阶段，双方关注点在于如何尽可能地制定完善、有效、可操作的合同条款（Lumineau 等，2011；Lusch 和 Brown，1996；Reuer 和 Ariño，2007）。这些合同条款除了约定一般事项外，还要能尽量覆盖各种意外情况的发生，让双方有备无患，从容应对后期执行中的各种可能。因此在合同协商阶段，基于大数据的探索型合作策略将更为有效。这是因为，通过大数据技术可以充分收集和分析企业自身、合作伙伴与环境中各种影响因素的数据与信息（Ashaari 等，2021；Dennehy 等，2021；Xiao 等，2020），从而发现更多潜在的风险与意外。而且大数据技术还能洞悉数据规律，为这些风险与意外提供应对建议（Ashaari 等，2021；Dennehy 等，2021；Xiao 等，2020）。如此一来，双方就能在合同协商阶段制定出更为完善有效的合同条款，提高双方的合作效率与效果。

相比而言，在合同执行阶段，双方关注点会转向合同的执行过程，关注能否尽早识别潜在的风险，能否预防意外情况的发展，从而尽可能实现当初合同条款描述的未来预期（Lumineau 等，2011；Lusch 和 Brown，1996；Reuer 和 Ariño，2007）。因此在合同执行阶段，基于大数据的预防型合作策略更为有效。这是因为，大数据技术可以对合同执行情况进行实时监控，并收集大量数据对执行情况进行分析，尽早察觉潜在的不足并据此提出有针对性的改进建议（Elia 等，2022；Mikalef 等，2021；Munir 等，2022；Yu 等，2021）。而且大数据技术还可以发现和识别各种潜在的意外情况并对其提前预警（Elia 等，2022；Mikalef 等，2021；Munir 等，2022；Yu 等，2021），从而将意外情况抑制在萌芽状态。这样一来，在合同执行过程中双方将能更为有效地预防意外情况并最终获得满意的合同执行结果。

根据上述分析，提出如下假设：

H4：双方处于（a）合同协商阶段／（b）合同执行阶段时，企业实施（a）基于大数据的拓展型合作策略／（b）基于大数据的预防型合作策略能更有效提高跨组织合作绩效。

9.3 研究方法

9.3.1 研究样本的收集

本研究针对企业的跨组织合作为研究对象。在数据收集时，以国内制造商的供应链为数据收集场景，以制造商内部了解大数据应用情况的供应链管理部门负责人为调查对象，通过调查问卷收集数据。根据上述提出的假设，研究者将分别收集三个样本，其中样本 1 用于检验假设 H1 和 H2，样本 2 用于检验假设 H3 并复检假设 H1，样本 3 用于检验假设 H4 并再次复检假设 H1。

具体操作中，通过全国企业联合会获得了相关企业负责人名录，该名录一共收录两千多家企业中负责供应链管理的人员。研究者随机抽取出三组，每组 150 人，通过在线平台进行问卷发放，并许诺合格问卷可获得 10 元话费。经过两轮提醒，三组分别回收 118 份、137 份与 124 份。

剔除掉不合格问卷后，最后三个样本分别得到有效问卷 102 份、125 份与 117 份共。不合格问卷主要是没有通过注意力检查或答题时间少于 1 分钟。通过初步统计，三个样本的调查对象所在企业包括大型国有、外资、合资等多种类型，这些企业分布于苏州、上海、天津、广州等信息技术比较发达的地区，所处行业包括汽车制造、计算机、电子通信等使用大数据技术的前沿领域。

9.3.2　调查问卷与变量测量

本次调查所用的问卷一共包含三个版本，分别用于收集三个样本。这三个版本的问卷都由两部分组成，第一部分用于收集企业的基本情况，包括所属行业、企业性质、企业规模、年销售额等。第二个部分包含多个里克特五级量表用于测量相关变量（5=完全同意，1=完全不同意，其余为中间状态）。第一个版本量表首先测量企业与其合作伙伴的权力不对称程度，后期将根据均值把该样本划分为不对称程度高子样本与不对称程度低子样本；第二个版本中除了主效应外，设计了一道选择题来收集双方合作关系的阶段，用于后期划分关系建立与发展、关系维持与终结两个子样本；第三个版本除了主效应外，设计了一道选择题来收集双方最近一次合同的阶段，用于后期划分合同协商阶段与合同执行阶段两个子样本。在前期问卷测试过程中，调查对象认真填完问卷大约需要 5 分钟。

这些量表中，基于大数据的跨组织合作策略是新开发的量表。对此，研究者严格按照量表开发流程开发出该测量量表，并经过两名研究者的检查和确认，确保其表面效度与内容效度。其余量表均在此前研究中使用过，对其中的题项进行中英双翻，并根据研究情境做了适当修改但保持意思不变。

量表的信度如表 9-1 所示，测量企业基于大数据的两种跨组织合作策略与跨组织合作绩效这三个变量的量表在三个样本中的信度都超过了 0.8，权力不对称性在样本 1 中也超过了 0.8，这说明本研究所采用的量表具有较高的信度。聚敛效度如表 1 所示，在三个样本中，上述变量的相关题项因子载荷均大于 0.7，而且所有题项均在 0.001 显著度水平上显著，变量平均抽取方差（AVE）均大于 0.5（Gefen 等，2000），说明题项均具有良好的聚敛效度。区分效度如表 9-2 所示，相关变量 AVE 值的平方根均大于其与其他变量相关系数的绝对值，表明这些变量具有良好的区分效度。

表9-1 变量和相关题项来源

变量	题项	因子载荷	AVE	α值	来源
基于大数据的预防型跨组织合作策略（PRE）	PRE1：通过大数据发现对方意图	0.75/0.78/0.80	0.60/0.60/0.61	0.85/0.86/0.86	自行开发
	PRE2：通过大数据估算对方潜在违规可能性	0.77/0.75/0.78			
	PRE3：通过大数据洞察与对方合作的风险	0.81/0.81/0.77			
	PRE4：通过大数据实时监控合作开展的情况	0.74/0.76/0.77			
基于大数据的探索型跨组织合作策略（EXP）	EXP1：通过大数据发现潜在的合作机会	0.74/0.82/0.80	0.53/0.56/0.56	0.82/0.84/0.84	自行开发
	EXP2：通过大数据探索可能的合作领域	0.73/0.71/0.72			
	EXP3：通过大数据估算潜在合作的收益	0.71/0.71/0.73			
	EXP4：通过大数据挖掘未来合作项目与模式	0.74/0.75/0.75			
跨组织合作绩效（CPP）	CPP1：合作满意程度	0.78/0.72/0.76	0.60/0.59/0.57	0.86/0.85/0.84	Gong等，2007；Zhuang等，2010
	CPP2：合作经济收益	0.76/0.76/0.74			
	CPP3：未来合作意愿	0.80/0.82/0.78			
	CPP4：长期合作意愿	0.77/0.77/0.75			
权力不对称性（PIM）	PIM1：在合作过程中，我们（或对方）经常服从对方（或我们）的指示	0.85	.070	0.90	Elia等，2022；Munir等，2022
	PIM2：在合作过程中，我们（或对方）经常不得不依赖于对方（或我们）的建议	0.84			
	PIM3：在合作过程中，我们（或对方）经常需要听从对方（或我们）的建议	0.81			
	PIM4：在合作过程中，我们（或对方）经常需要依赖对方（或我们）的资源	0.84			

注：因子载荷中斜杠分别表示样本 1、2 和 3 中的信度。

表9-2 总体样本各变量的均值、方差和变量之间的相关系数

变量	PRE	EXP	CPP	PIM
PRE	**0.77/0.77/0.78**			
EXP	0.44③/0.52③/0.40③	**0.73/0.75/0.75**		
CPP	0.24②/0.32②/0.28②	0.33②/0.26②/0.29②	**0.77/0.77/0.75**	
PIM	0.11①	0.10	0.02	**0.84**

①~③表示双尾检验中 P 值分别小于 0.05、0.01、0.001。

注：1. 因子载荷中斜杠分别表示样本 1、2 和 3 中的信度。
2. 变量相关矩阵的对角线是 AVE 的平方根。

9.4 数据分析与结果

为了检验上述提出的假设，下面分别在三个样本中采用多元层次回归进行分析。具体而言，在样本 1 中，首先以 CPP（跨组织合作绩效）为因变量，以 PRE（基于大数据的预防型跨组织合作策略）和 EXP（基于大数据的探索型跨组织合作策略）为自变量进行多元层次回归，结果如表 9-3 样本 1 第一列。结果显示 PRE 与 EXP 对 CPP 的影响都是正向显著的（γ_1=0.34，P<0.001；γ_2=0.38，P<0.001），因此假设 H1a 和 H1b 得到支持。

接下来，根据权力不对称程度的均值将样本 1 划分为两个子样本，并分别以 CPP 为因变量，以 PRE 和 EXP 为自变量进行层次回归，结果如表 9-3 样本 1 第二、三列。结果显示，在权力不对称程度高的子样本中，PRE 对 CPP 的影响显著而 EXP 的影响不显著（γ_1=0.33，P<0.01；γ_2=-0.02，P>0.05），因此假设 H2a 得到支持。而在权力不对称程度低的子样本中，PRE 和 EXP 对 CPP 的影响都是显著的（γ_1=0.15，P<0.05；γ_2=0.27，P<0.01）。因此采用 t 检验对两个系数大小进行比较，结果显示两个系数存在显著差异（t=4.43，P<0.001）❶，因此假设 H2b 得到支持。

在样本 2 的关系建立与发展阶段子样本与关系成熟与解体阶段子样本中，分别以 CPP 为因变量，以 PRE 和 EXP 为自变量，进行多元层次回归，结果如表 9-3 样本 2 的两列。结果显示，在关系建立与发展阶段子样本中，PRE 对 CPP 的影响不显著而 EXP 对 CPP 的影响则是正向显著的（γ_1=0.09，P>0.05；γ_2=0.22，P<0.05）；而在关系成熟与解体阶段子样本中，PRE 对 CPP 存在显著正向影响而 EXP 对 CPP 的影响不显著（γ_1=0.31，P<0.01；γ_2=-0.02，P>0.05），因此假设 H3a 与 H3b 得到支持。

在样本 3 的合同协商阶段子样本与合同执行阶段子样本中，分别以 CPP 为因变量，以 PRE 和 EXP 为自变量，进行多元层次回归，结果

---

❶ $t = \dfrac{b_1 - b_2}{\sqrt{\dfrac{\text{SSE}_1 + \text{SSE}_2}{n_1 + n_2 - 4} \times \left(\dfrac{1}{\text{SS}_1} + \dfrac{1}{\text{SS}_2}\right)}}$，df $= n - 4$

式中，t 为 t 检验的值；b_1、b_2 为回归系数；n_1、n_2 为两个样本的样本量，n 为总样本量，df 为自由度；SSE_1、SSE_2 为两个样本的残差平方和；SS_1、SS_2 为两个样本的离差平方和。

如表 9-3 样本 3 的两列。结果显示，在合同协商阶段子样本中，PRE 与 EXP 对 CPP 均有显著正向影响（$\gamma_1=0.22$，$P<0.05$；$\gamma_2=0.27$，$P<0.01$）。因此下面采用 t 检验对两个系数大小进行比较，结果显示两个系数存在显著差异（$t=6.21$，$P<0.001$）。在合同执行阶段子样本中，PRE 对 CCP 有显著正向影响而 EXP 的影响不显著（$\gamma_1=0.21$，$P<0.05$；$\gamma_2=0.07$，$P>0.05$）。因此假设 H4a 与 H4b 得到支持。

表9-3 多元层次回归分析的结果：标准化系数

项目	样本1（CPP）			样本2（CPP）		样本3（CPP）	
	总样本	权力不对称程度高	权力不对称程度低	建立与发展阶段	成熟与解体阶段	协商阶段	执行阶段
控制变量							
公司规模	0.02	0.01	−0.02	−0.01	−0.03	0.03	0.01
竞争地位	0.08	0.07	0.02	−0.05	−0.01	0.14①	−0.10
合作时长	0.05	0.10	0.01	−0.10	0.15①	0.05	0.09
信任	0.24①	0.26①	0.26①	0.24①	0.33③	0.19①	0.31②
长期导向	0.20①	0.16①	0.12	0.19①	0.13	0.11	0.24②
研究变量							
PRE	0.34③	0.33②	0.15①	0.09	0.31②	0.22①	0.21①
EXP	0.38③	−0.02	0.27②	0.22①	−0.02	0.27②	0.07
F值	5.54	4.38	5.17	7.95	3.82	1.99	2.06
Ad-R^2	0.13	0.15	0.20	0.11	0.18	0.15	0.13

①～③表示双尾检验中 P 值分别小于 0.05、0.01、0.001。

注：这里略去其他回归方程，只给出最终方程。所以 Ad-R^2 表示优于上一个模型的程度，即最终模型相对于上一个模型 F 值的改进是显著的（$P<0.05$）。

9.5 讨论与结论

本研究大数据背景下跨组织合作策略与合作绩效的关系为研究对象，同时考虑了不同治理情境的影响，通过问卷收集了三个样本共 344 份数据，实证检验了不同治理情境下两种跨组织合作策略对合作绩效的影响。通过多元层次回归，提出的 8 个假设均在一定程度上得到了数据的支持。研究发现，第一，企业实施基于大数据的预防型合作策略与拓展型合作策略可以提高企业的跨组织合作绩效。第二，权力不对称程度较高的情境企业更适合实施预防型合作策略，而权力不对称程度较低的情境企业更适合实施拓展型合作策略。第三，双方处于关系建立与发展阶段时，企业更适合实施拓展型合作策略，而双方处于关系成熟与解体阶段时，企业更适合实施预防型合作策略。第四，双方处于合同协商阶段时企业更适合实施拓展型合作策略，而双方处于合同执行阶段时企业更适合实施预防型合作策略。

9.5.1 理论贡献

本研究的理论贡献主要体现在以下几个方面。首先，以往对跨组织合作策略的研究主要采用社会学视角（Lai 等，2011；Liu 等，2009；Wang 等，2014；Zhou 和 Xu，2012）与交易成本视角（Lai 等，2011；Liu 等，2009；Zhou 和 Poppo，2010；Zhou 和 Xu，2012），关注基于信任与承诺的关系合作策略与基于法律条款的合同策略。相比而言，本研究则针对当前大数据技术在企业的广泛使用给企业带来的两种新型合作策略，分别是基于大数据的预防型合作策略与探索型合作策略。因此，本研究首先能有效拓展当前跨组织合作与治理研究，将大数据这样的新兴信息技术概念引入跨组织研究领域。

其次，本研究还采用了一个新的视角观察不同跨组织治理手段，将其作为治理情景。相比以往研究大多将权力、关系与合同看作跨组织治理手段而言（Chae 等，2017；Chen 和 Wu，2011；Gorovaia 和 Windsperger，2018；Johnston 等，2018；Wang 等，2014；Zhang 等，2018），本研究则关注了这些手段的情景化的一面，并进一步探讨不同治理情景下两种大数据合作策略的有效性。因此相关研究发现可以进一步深化与拓展基于大数据的跨组织合作策略研究。

9.5.2 实践意义

本研究的上述结论可以给相关企业在实施跨组织合作时提供以下几个方面建议。首先，企业可以充分利用大数据技术，在跨组织合作中探索更多可能的合作形式与领域，帮助双方共同把收益做大，同时也可以充分利用大数据的优势预防和防止可能发生的各种意外，提高双方合作的确定性。其次，在实施这两种合作策略时，企业应当考虑其不同的跨组织治理情景，其中包括与合作伙伴的权力不对称性，与合作伙伴的合作关系发展阶段，以及合同签订与执行的阶段，这样才能更好地发挥两种合作策略的效果，获得更好的跨组织合作绩效。

9.5.3　局限性和未来研究方向

本研究主要存在以下两个方面的不足。第一，在测量跨组织合作绩效的时候主要采用相关企业供应链管理部门负责人的主观感受来代替真实的合作绩效，这可能会存在一定程度的偏差。未来研究中，可以考虑采用更为客观的测量方法来反映双方的跨组织合作绩效。第二，研究只是关注了大数据技术这样一种新兴信息技术，而在实践中，企业往往还会采用区块链、人工智能、云计算等其他技术，因此在未来研究中，可以进一步探讨其他新兴信息技术对企业跨组织合作的影响。

参考文献

Achrol R S, Gundlach G T, 1999. Legal and social safeguards against opportunism in exchange[J]. Journal of Retailing, 75(1): 107-124.

Akter S, Wamba S F, Gunasekaran A, et al, 2016. How to improve firm performance using big data analytics capability and business strategy alignment?[J]. International Journal of Production Economics, 182: 113-131.

Ashaari M A, Singh K S D, Abbasi G A, et al, 2021. Big data analytics capability for improved performance of higher education institutions in the Era of IR 40: A multi-analytical SEM & ANN perspective[J]. Technological Forecasting and Social Change, 173 121119.

Brown J R, Cobb A T, Lusch R F, 2006. The roles played by interorganizational contracts and justice in marketing channel relationships[J]. Journal of Business Research, 59(2): 166-175.

Casciaro T, Piskorski M J, 2005. Power imbalance, mutual dependence, and constraint absorption: A closer look at resource dependence theory[J]. Administrative Science Quarterly, 50(2): 167-199.

Chae S, Choi T Y, Hur D, 2017. Buyer power and supplier relationship commitment: A cognitive evaluation theory perspective[J]. Journal of Supply Chain Management, 53(2): 39-60.

Chen M, Pu X, Zhang M, et al, 2022. Data analytics capability and servitization: the moderated mediation role of bricolage and innovation orientation[J]. International Journal of Operations & Production Management, 42(4): 440-470.

Chen X, Wu J, 2011. Do different guanxi types affect capability building differently? A contingency view[J]. Industrial Marketing Management, 40(4): 581-592.

Choi H, Park J, 2022. Do data-driven CSR initiatives improve CSR performance? The importance of big data analytics capability[J]. Technological Forecasting and Social Change, 182 121802.

Ciampi F, Demi S, Magrini A, et al, 2021. Exploring the impact of big data analytics capabilities on business model innovation: The mediating role of entrepreneurial orientation[J]. Journal of Business Research, 123 1-13.

Dennehy D, Oredo J, Spanaki K, et al, 2021. Supply chain resilience in mindful humanitarian aid organizations: The role of big data analytics[J]. International Journal of Operations & Production Management, 41(9): 1417-1441.

Dubey R, Gunasekaran A, Childe S J, et al, 2019. Big data analytics and organizational culture as complements to swift trust and collaborative performance in the humanitarian supply chain[J]. International Journal of Production Economics, 210: 120-136.

Elia G, Raguseo E, Solazzo G, et al, 2022. Strategic business value from big data analytics: An empirical analysis of the mediating effects of value creation mechanisms[J]. Information & Management, 59(8): 103701.

Faems D, Janssens M, Madhok A, et al, 2008. Toward an integrative perspective on alliance governance: Connecting contract design, trust dynamics, and contract application[J]. Academy of Management Journal, 51(6): 1053-1078.

Gefen D, Straub D W, Boudreau M C, 2000. Structural equation modeling and regression: guidelines for research practice[J]. Communications of the Association for Information Systems, 4(7): 1-77.

Gong Y, Shenkar O, Luo Y, et al, 2007. Do multiple parents help or hinder international joint venture performance? The mediating roles of contract completeness and partner cooperation[J]. Strategic Management Journal, 28(10): 1021-1034.

Gorovaia N, Windsperger J, 2018. The choice of contract duration in franchising networks: A transaction cost and resource-based view[J]. Industrial Marketing Management, 75: 125-133.

Grover V, Chiang R H L, Liang T, et al, 2018. Creating strategic business value from big data analytics: A research framework[J]. Journal of Management Information

Systems, 35(2): 388-423.

Handley S M, Jr Benton W C, 2012. The influence of exchange hazards and power on opportunism in outsourcing relationships[J]. Journal of Operations Management, 30 (1–2): 55-68.

Hopkinson G C, Blois K, 2014. Power-base research in marketing channels: A narrative review[J]. International Journal of Management Reviews, 16(2): 131-149.

Hu Y, Qu S, Li G, et al, 2021. Power structure and channel integration strategy for online retailers[J]. European Journal of Operational Research, 294(3): 951-964.

Jain M, Khalil S, Johnston W J, et al, 2014. The performance implications of power-trust relationship: The moderating role of commitment in the supplier-retailer relationship[J]. Industrial Marketing Management, 43(2): 312-321.

Jap S D, Anderson E, 2003. Safeguarding interorganizational performance and continuity under ex post opportunism[J]. Management Science, 49(12): 1684-1701.

Jap S D, Ganesan S, 2000. Control mechanisms and the relationship life cycle: Implications for safeguarding specific investments and developing commitment[J]. Journal of Marketing Research, 37(2): 227-245.

Jha A K, Agi M A N, Ngai E W T, 2020. A note on big data analytics capability development in supply chain[J]. Decision Support Systems, 138: 113382.

Johnston W J, Le A N H, Cheng J M, 2018. A meta-analytic review of influence strategies in marketing channel relationships[J]. Journal of the Academy of Marketing Science, 46(4): 674-702.

Krafft M, Goetz O, Mantrala M, et al, 2015. The evolution of marketing channel research domains and methodologies: An integrative review and future directions[J]. Journal of Retailing, 91(4): 569-585.

Lai F, Tian Y, Huo B, 2011. Relational governance and opportunism in logistics outsourcing relationships: Empirical evidence from China[J]. International Journal of Production Research, 50(9): 2501-2514.

Lin S, Lin J, Han F, et al, 2022. How big data analytics enables the alliance relationship stability of contract farming in the age of digital transformation[J]. Information & Management, 59(6): 103680.

Liu Y, Luo Y, Liu T, 2009. Governing buyer-supplier relationships through transactional and relational mechanisms: Evidence from China[J]. Journal of Operations Management, 27(4): 294-309.

Lumineau F, Fréchet M, Puthod D, 2011. An organizational learning perspective on the contracting process[J]. Strategic Organization, 9(1): 8-32.

Lusch R F, Brown J R, 1996. Interdependency, contracting, and relational behavior in marketing channels[J]. Journal of Marketing, 60(4): 19-38.

Mikalef P, Krogstie J, Pappas I O, et al, 2020. Exploring the relationship between big data analytics capability and competitive performance: The mediating roles of dynamic and operational capabilities[J]. Information & Management, 57(2): 103169.

Mikalef P, van de Wetering R, Krogstie J, 2021. Building dynamic capabilities by leveraging big data analytics: The role of organizational inertia[J]. Information & Management, 58(6): 103412.

Munir M, Jajja M S S, Chatha K A, 2022. Capabilities for enhancing supply chain resilience and responsiveness in the COVID-19 pandemic: exploring the role of improvisation, anticipation, and data analytics capabilities[J]. International Journal of Operations & Production Management, 42(10): 1576-1604.

Park S H, Luo Y, 2001. Guanxi and organizational dynamics: organizational networking in Chinese firms[J]. Strategic Management Journal, 22(5): 455-477.

Pfeffer J, Salancik G R, 1978. The external control of organizations: A resource dependence perspective[M]. New York: Harper and Row.

Popovič A, Hackney R, Tassabehji R, et al, 2018. The impact of big data analytics on firms' high value business performance[J]. Information Systems Frontiers, 20(2): 209-222.

Poppo L, Zhou K Z, Ryu S, 2008. Alternative origins to interorganizational trust: An interdependence perspective on the shadow of the past and the shadow of the future[J]. Organization Science, 19(1): 39-55.

Rehme J, Nordigården D, Ellström D, et al, 2016. Power in distribution channels — Supplier assortment strategy for balancing power[J]. Industrial Marketing Management, 54: 176-187.

Reuer J J, Ariño A, 2007. Strategic alliance contracts: dimensions and determinants of contractual complexity[J]. Strategic Management Journal, 28(3): 313-330.

Rindfleisch A, Antia K, Bercovitz J, et al, 2010. Transaction costs, opportunism, and governance: Contextual considerations and future research opportunities[J]. Marketing Letters, 21(3): 211-222.

Shamim S, Zeng J, Khan Z, et al, 2020. Big data analytics capability and decision making performance in emerging market firms: The role of contractual and relational governance mechanisms[J]. Technological Forecasting and Social Change, 161: 120315.

Shen L, Su C, Zheng X, et al, 2019. Contract design capability as a trust enabler in the pre-formation phase of interfirm relationships[J]. Journal of Business Research, 95: 103-115.

Shi Z, Wang G, 2018. Integration of big-data ERP and business analytics (BA) [J]. The Journal of High Technology Management Research, 29(2): 141-150.

Wamba S F, Gunasekaran A, Akter S, et al, 2017. Big data analytics and firm performance: Effects of dynamic capabilities[J]. Journal of Business Research, 70: 356-365.

Wang G, Wang X, Zheng Y, 2014. Investing in guanxi: An analysis of interpersonal relation-specific investment (RSI) in China[J]. Industrial Marketing Management, 43(4): 659-670.

Wang M, Zhang Q, Wang Y, et al, 2016. Governing local supplier opportunism in China: Moderating role of institutional forces[J]. Journal of Operations Management, 46(1): 84-94.

Wang Y, Kung L, Byrd T A, 2018. Big data analytics: Understanding its capabilities and potential benefits for healthcare organizations[J]. Technological Forecasting and Social Change, 126: 3-13.

Wathne K H, Heide J B, Mooi E A, et al, 2018. Relationship governance dynamics: The roles of partner selection efforts and mutual investments[J]. Journal of Marketing Research, 55(5): 704-721.

Xiao X, Tian Q, Mao H, 2020. How the interaction of big data analytics capabilities and digital platform capabilities affects service innovation: A dynamic capabilities view[J]. IEEE Access, 8: 18778-18796.

Yu W, Zhao G, Liu Q, et al, 2021. Role of big data analytics capability in developing integrated hospital supply chains and operational flexibility: An organizational information processing theory perspective[J]. Technological Forecasting and Social Change, 163: 120417.

Zhang C, Bai X, Gu F F, 2018. Contract learning in the aftermath of exchange disruptions: An empirical study of renewing interfirm relationships[J]. Industrial Marketing Management, 71 (May): 215-226.

Zhang D, Pan S L, Yu J, et al, 2022. Orchestrating big data analytics capability for sustainability: A study of air pollution management in China[J]. Information & Management, 59(5): 103231.

Zhou K Z, Poppo L, 2010. Exchange hazards, relational reliability, and contracts in China: The contingent role of legal enforceability[J]. Journal of International Business

Studies, 41(5): 861-881.

Zhou K Z, Xu D, 2012. How foreign firms curtail local supplier opportunism in China: Detailed contracts, centralized control, and relational governance[J]. Journal of International Business Study, 43(7): 677-692.

Zhou Y, Zhang X, Zhuang G, et al, 2015. Relational norms and collaborative activities: Roles in reducing opportunism in marketing channels[J]. Industrial Marketing Management, 46: 147-159.

Zhuang G, Xi Y, Tsang A S L, 2010. Power, conflict, and cooperation: The impact of guanxi in Chinese marketing channels[J]. Industrial Marketing Management, 39(1): 137-149.

10

基于区块链技术的跨组织治理机制研究

10.1 研究问题的提出

10.1.1 研究背景与研究问题

进入 21 世纪后，市场竞争已经不再局限于单个企业之间，而是扩展到企业背后的供应链、营销渠道与战略联盟之间（Alexiev 等，2016；Deken 等，2018；Greco 等，2020；Oliveira 和 Lumineau，2017）。可以说，现在企业竞争优势的重要来源之一就是跨组织关系与合作（Deken 等，2018；Greco 等，2020）。一个企业跨组织关系的好坏，跨组织合作效率的高低不但会影响其竞争优势的获取，还会影响其市场战略的实施（Cai 等，2016；Liu 等，2016；Wiengarten 等，2013）。因此，怎样提高跨组织合作的效率与效果，提高这种跨组织联合体的治理水平就成为当前企业关注的重点问题。

对此，研究者对跨组织合作与治理机制进行了深入的研究。概括来说，目前研究主要集中在以下四种跨组织治理（合作）机制上：权威（Rehme 等，2016；Sheu，2015；Sheu 和 Hu，2009；Zhuang 等，2010）、合同（Gorovaia 和 Windsperger，2018；Shen 等，2019；Zhang 等，2018）、关系规范（Sheng 等，2011；Wang 等，2017；Yang 等，2012）、第三方平台（中介）（Chen 等，2022；Grewal 等，2010；Le，2002）。之前研究对这四种跨组织合作与治理机制具体形式、内在机理、影响因素、适用情境以及控制结果进行了充分而且细致的探索，回答了这个领域许多重要的问题，获得了大量深刻有洞见的结论，为企业改善和提高其渠道或供应链跨组织治理效果提供了许多有价值的指导意见。相关研究综述见相关参考资料（Samiee 和 Walters，2003；Watson 等，2015）。

然而在实际中，这四种跨组织治理（合作）机制都或多或少存在一些局限与短板。具体而言，权威机制的问题主要是适用范围较窄，只有双方地位存在明显差距的情况下才会取得比较好的效果（Sheu 和 Hu，2009；Zhuang 等，2010），而且这种策略主要依赖权威方，一旦其内部出现问题或决策失误，就会直接影响其合作伙伴的竞争优势与绩效，甚至会危及其生存，因此风险较高。

相比而言合同与关系机制的适用性更广泛，但合同机制依赖于法律法规的完善性并且受制于诉讼成本（Liu 等，2009a；Yu 和 Liao，2008；Zhou 和 Xu，2012）——如果法律法规本身有缺陷或诉讼成本过高，这种机制的效果将受到很大影响（尤其是在跨国领域）；关系机制则依赖于非强制性的社会规范，约束效果不稳定而且受诸多因素的影响（如关系参与者的个性特质、竞争对手策略、市场需求变化等）（Lai 等，2011；Liu 等，2009b；Zhou 等，2008），而且许多研究还发现关系存在黑暗面（Gu 等，2008；Villena 等，2011），会成为企业跨组织治理的不利因素。更重要的是，这两种机制的交易成本都比较高，前者会产生诸如沟通、协商以及监督执行等成本（Mooi 和 Gilliland，2013；Yu 等，2006），后者会在关系建立、发展、维持和终结过程中产生各种成本（Argyres 和 Mayer，2007；Liu 等，2009a）。此外，这两种机制大多数时候只限于双元关系（Jap 和 Anderson，2003；Lusch 和 Brown，1996），难以拓展到更多合作伙伴。

最后，第三方（平台）通过构建交易环境，并制定强制性规则来规范和控制双方的合作过程，交易成本较低（Chen 等，2022；Grewal 等，2010；Le，2002），然而这种平台更多聚焦于双方的交易环节，并不覆盖跨组织合作的整个流程。而且，这种平台的规则是统一的，因此并不能根据双方合作需要定制化，缺乏灵活度。更重要的是，买卖双方的交易极大程度上依赖于第三方平台本身的信用与稳定性，一旦平台出现问题则直接影响双方的合作。这也成为这种治理（合作）机制的明显短板。

由于这四种跨组织治理（合作）机制都存在各种局限与短板，因此寻找一种更为简单、稳定且有效的控制策略就成为许多企业关注的问题。近年来，随着区块链技术（block chain technology）逐步成熟，为解决这一问题带来曙光。该技术具有以下五个特征：第一，去中心化（Liu 和 Li，2020；Zhou 等，2020）。区块链技术自成体系，通过分布式计算与分布式数据库，节点之间能够实现信息自我验证、传递与管理而不用专门依赖第三方管理机构。去中心化也是区块链技术最突出的特征。第二，开放性（Ostern，2020；Sousa 等，2020）。区块链上数据透明度高，除了交易各方私有信息是加密状态外，其他数据均可以对他人开放（通过公开接口查询），而且可以基于这些数据开发各种应用程序。第三，独立性（Gurtu 和 Johny，2019；Zavolokina 等，2020）。区块链上各节点均基于协商一致的数据规范与通信协议，所有节点能够在系统内自动安全地验证、交换数据，不需要依赖任何第三方。第四，安全性（Mattke 等，2019；Montecchi 等，2019）。根据区块链的安全机制，只要攻击者控制不超过 51% 的数据节点，他们就无法篡改区块链上的数据。而对于一般区块链而言，控制超过 51% 的节点所需要花费的成本远超其所获得的收益，因此一般不会有攻击者会主动攻击区块链。第五，匿名性（Bandara 等，2020；Bons 等，2020）。从技术层面上来看，区块链上各节点身份信息不需要公开或验证（私有信息），其信息传递可以匿名进行。因此除非有法律规范要求，否则区块链上节点可以一直保持匿名。

由于上述五个特点，该技术有可能成为企业一种更为简单、稳定和有效的跨组织治理（合作）机制（以下简称区块链机制）。针对于此，本研究将深入探讨区块链技术如何能构建一种新型的跨组织治理（合作）机制。

10.1.2　理论意义

理论上，本研究的价值主要体现在以下两个方面。首先，相较于以往研究主要关注权威、合同、关系、第三方（平台）等政治学、社会学、经济学领域的治理（合作）机制（Bandara 等，2020；Bons 等，2020），本研究则从技术角度入手，探讨基于区块链技术的跨组织治理（合作）机制，希望构建一种区别于以往机制的新型跨组织治理（合作）机制，从而有效推进跨组织治理理论与研究。

其次，以往研究大多关注于不同治理（合作）机制的内在逻辑，而对于不同机制之间的共性与构成要素缺乏探讨，而本研究则针对于此，梳理跨组织治理（合作）机制内在结构并厘清构建一种跨组织治理（合作）机制所需的相关要素及其相互关系，从而完善跨组织治理理论与研究的发展。

10.1.3　实践意义

本研究可以为企业提供以下几个方面的实践指导。首先，本研究为企业在实施供应链管理过程中提供了一种新型的跨组织治理（合作）模式，为企业部署和构建基于区块链技术的跨组织治理（合作）模式提供指导，从而帮助企业提高供应链、营销渠道与战略联盟等跨组织关系管理的效率与效果，降低合作成本。

其次，本研究也为企业提供了权威、关系、合同、第三方平台与区块链这五种不同跨组织治理（合作）机制的对比分析，为企业深入了解不同机制的差别与特点提供帮助，从而帮助企业选择适合自己的跨组织治理（合作）机制。

10.2　构成跨组织治理（合作）机制的核心要素

在跨组织治理（合作）领域，目前研究主要关注权威、关系、合同、第三方（平台）这四种机制（Chen 等，2022；Rehme 等，2016；Shen 等，2019；Sheng 等，2011）。通过对这四种机制进行横向比较分析，发现这些跨组织治理（合作）机制均包含基本原则、交易规则制定方式、约束手段这三个要素（如表10-1所示）。这三个要素体现了跨组织治理（合作）机制的内在结构，可以为后续构建基于区块链技术的跨组织治理（合作）机制提供基本框架。

表10-1　构成跨组织治理（合作）机制的核心要素

项目	基本原则	交易规则制定方式	约束手段
权威	服从（或被服从），主从关系	主导者制定规则	奖励与惩罚
合同	契约精神，平等共赢关系	双方协商制定	政府、法院的强制性力量
关系	关系规范，长期导向的和谐关系	双方协商制定	关系规范、关系网络
第三方（平台）	简化合作，快速建立交易关系	遵循第三方（平台）规则	平台的中心地位

10.2.1　基本原则

通过比较分析，本研究发现上述四种跨组织治理（合作）机制都有一个明确的基本原则，其框定了企业在处理企业间关系时的基本模式与思路。具体而言，权威机制下，企业总是从实力或影响力（即权威）出发来制定相应的决策，判断对方的意图与行为，并通过展示权威来与对方构建主从型合作关系（Rehme 等，2016；Sheu，2015；Zhuang 等，2010）。因此，该机制的基本原则是服从（或被服从），即通过权威对比来建立双方（或多方）的主从型合作关系。

相比而言，合同机制的基本原则是契约精神假设（Gorovaia 和 Windsperger，2018；Shen 等，2019；Zhang 等，2018）。即认为合作双方都是具有契约精神的，愿意按照事先约定来执行合同条款；合同执行完毕后，又会按照约定来分享收益。基于此认知，双方以建立平等共赢的合作关系为目标。不过，合同机制虽然有国家法律法规的保护，但诉讼时间与经济成本都会比较高，因此大多数诉诸法律诉讼是双方最后的选择（Liu 等，2009a；Yu 和 Liao，2008；Zhou 和 Xu，2012）。由于合同机制的不足，现实中大量企业更倾向于采用关系机制。该机制的基本原则是人际交往中的各种关系规范（如承诺、信任、互惠互利、团结等）（Sheng 等，2011；Wang 等，2017；Yang 等，2012）。即双方的合作是基于人际交往原则进行的，即先建立良好的关系再开展合作。因此，企业采用关系机制就是建立长期导向和谐的合作关系来实现利益。

不过，由于关系机制需要以双方良好的关系为基础，而良好关系又必须经历一段时间（Sheng 等，2011；Yang 等，2012），因此越来越不适应当前快节奏的企业间合作。在此背景下，能给双方提供诸多便利与交易保障的第三方平台快速发展。这种平台可以为双方提供交易担保，信用记录查询等功能，可以帮助双方迅速建立合作与交易关系而不需要再经历漫长的关系建立过程（Chen 等，2022；Grewal 等，2010；Le，2002）。因此，采用第三方平台进行跨组织治理（合作）的企业其基本原则是借助第三方简化合作，快速建立交易关系。不过，由于第三方平台自身的局限，这种治理（合作）机制适合于简单的合作内容（即流程化的），而并不适用于复杂的合作内容（即个性化或定制化的）（Chen 等，2022；Grewal 等，2010）。

从上述分析可以看出，跨组织治理（合作）机制的基本原则具有非常重要的作用，其将决定一种机制的运行模式与发挥作用的底层逻辑。因此，在设计一种新型跨组织治理（合作）机制时，需要首先确定该机制的基本原则。

10.2.2 交易规则制定方式

在跨组织关系中，合作双方都是因为需要依靠对方提供的产品或服务才能最终实现自身的利益，因此从企业间合作的本质来看，跨组织治理（合作）的终极目的是实现交换（即交易）（Poppo 和 Zhou，2014；Stephen 和 Coote，2007；Zhang 等，2018）。从这个角度来看，交易规则就成为跨组织治理（合作）机制的一个重要组成部分。不同机制体现了不同的交易规则制定方式。

具体而言，在权威机制中，由于双方的合作关系是基于对对方权威的依赖，所以交易规则制定方式更多体现了拥有权威一方的意志（Sheu 和 Hu，2009；Zhuang 等，2010）。这意味着，该机制下交易规则更多由拥有权威一方决定，且交易流程、付款方式、发货时间等交易规则细节也会倾向于权威一方，而另一方更多时候只能接受这种交易规则。

相比而言，合同与关系两种机制中，双方的基本原则是合作共赢，互利互惠（Sheng 等，2011；Wang 等，2017）。因此在制定交易规则时，更多是通过相互协商的方式制定，即通过谈判确定交易流程、付款方式、发货时间等交易规则细节。通过协商的方式，双方都能维护住自己的核心利益（或原则），但同时也要牺牲部分非核心利益。也就是说，这两种机制下交易规则的制定往往是相互妥协的过程（Ness 和 Haugland，2005；Reuer 和 Ariño，2002）。

而对于第三方治理（合作）机制而言，该机制下的交易规则是由第三方（平台）决定的，合作双方只能遵守（Chen 等，2022；Grewal 等，2010）。因此在这种模式下，交易规则本质上更有利于第三方（平台）的利益（Chen 等，2022；Grewal 等，2010）。同时，由于交易规则面向的是所有在第三方（平台）上开展合作的企业，所以交易规则会更利于自身管理效率，因此并不能对双方合作进行个性化定制（Chen 等，2022）。也就是说，第三方治理（合作）机制是以牺牲交易双方部分利益为代价换取第三方（平台）交易保障的。

从上述分析来看，无论哪种治理（合作）机制，都涉及交易规则的制定，都会体现交易规则的倾向性与有利性。其背后的原因在于跨组织合作的逐利性本质，即合作本身并非目的，而是通过合作实现各方彼此的利益。因此，治理（合作）机制的核心要素必然包括交易规则。

10.2.3 约束手段

在跨组织治理（合作）过程中，企业不得不面对各种意外、利益冲突或偏离目标的情况（Crosno 和 Dahlstrom，2008；Luo，2006；Luo，2007）。如何处理这些情况，约束彼此的决策与行为，从而防止危害对方利益甚至合作本身就成为跨组织治理（合作）机制必须要解决的问题。对此，不同机制有不同的约束手段，这些手段也是构成治理（合作）机制的核心要素之一。

具体而言，权威机制的约束手段主要是奖励或惩罚（Rehme 等，2016；Sheu，2015）。从资源依赖理论与资源基础观的视角来看，权威机制的根源是企业间对彼此有价值资源的依赖（如技术专利、品牌、特有资源、独特渠道与关系等）（Hillman 等，2009；Rehme 等，2016）。如果依赖的资源越是稀缺，越是难以模仿和替代，其形成的权威就越大。基于这样的逻辑，权威机制的约束手段就是通过给予对方资源作为奖励，或收回资源作为惩罚（Bigné 等，2004；Low 和 Lee，2016）。由此实现约束或引导对方，并让对方做出符合本方利益的决策与行为。

合同机制的约束手段主要是国家法律与法规的强制性约束力（Gorovaia 和 Windsperger，2018；Zhang 等，2018）。也就是说，如果对方做出一些有违合同条款，伤害本方利益的行为，为了约束对方这种行为，企业可以向法院起诉或向行政机关寻求帮助，从而维护自身利益。不过如上所述，这种约束手段的成本比较高，效果也不一定理想，因此企业一般不会轻易使用（Zhang 等，2018；Zhang 等，2017）。相比而言，关系机制约束手段主要体现在双方建立良好的关系后，彼此就会受到诸如诚实、守信、互助等关系规范的约束（Wang 和 Zhang，2017；Wathne 等，2018；Xiao 等，2019）。而且双方关系越好，这种关系规范的约束力就越强。一旦对方破坏这种关系规范，其会受到社会舆论的谴责，降低其社会评价，从而丧失未来与其他企业进行合作的机会。而在实际中，企业更倾向于同时使用合同机制与关系机制（Kashyap 等，2012；Zhang 等，2018；Zhou 和 Poppo，2010），即以合同来明确双方的底线与核心利益，约定双方的行动准则与基本框架，然后使用关系机制来润滑或协调合作具体过程。

第三方（平台）机制的约束手段主要是其制定的，双方基于该第三方（平台）进行合作时认可的平台规则（Kashyap 等，2012；Zhang 等，2018；Zhou 和 Poppo，2010）。也就是说，如果双方希望在该平台上进行合作，就需要认可并遵守该平台制定的合作与交易规则（如向平台缴纳一定保证金等）。若有一方在合作中实施机会主义而伤害另外一方，平台就可以根据规则来进行制止甚至惩罚，从而实现对双方的约束。

上述各种机制包含不同的约束手段，这些约束手段背后的逻辑也不尽相同。尽管如此，约束手段在跨组织治理（合作）机制中扮演重要角色，其确保了双方的合作沿着正确的方向前进。

10.3 基于区块链技术的跨组织治理（合作）机制的构建

根据上述分析，跨组织治理（合作）机制内在结构主要包括基本原则、交易规则制定方式以及约束手段三个核心要素。据此，本研究将从这三个核心要素出发构建基于区块链技术的跨组织治理（合作）机制。

10.3.1 基于可追溯机制与共识机制的去信任化原则

跨组织治理（合作）机制的一个核心问题是解决合作双方的可信性问题（Poppo 等，2008；Zaheer 和 Venkatraman，1995），即双方怎样才能确认或相信对方会按照约定履行自己的任务，从而保证合作目标的实现。这也是跨组织治理（合作）机制基本原则需要框定的问题。对此，权威机制是基于实力的主从关系（Sheu 和 Hu，2009），合同是基于契约精神假设（Gorovaia 和 Windsperger，2018），关系是基于关系规范与长期导向（Sheng 等，2011），第三方（平台）是基于其简化合作的能力（Grewal 等，2010）。

本质上来看，这些传统机制的原则都构建在企业对"组织（或人）"可信度的判断上，即通过评判组织（或人）在多大程度上能完成其承诺的任务来实施相应的治理（合作）行为。而由于组织（或人）的多变性以及信息的不对称性，企业对其可信性的判断也必定存在偏差，从而导致其效果存在不确定性。同时，这也是传统机制的根本缺陷之一。

针对于此，区块链技术中的可追溯机制可将企业对组织（或人）本身可信性的感性判断，转换为企业通过交易历史与记录对组织（或人）可信性的理性判断，从而弥补这一缺陷。具体而言，区块链技术的核心之一是分布式记账系统（Cole 等，2019；Min，2019；Morkunas 等，2019），该系统将链上所有企业的历史交易记录均储存在区块链中，从而实现可追溯。由于区块链的开放性，数据透明度高，因此任何一方都可以非常简单便捷地查询到另一方的历史交易记录与行为。而且由于区块链共识机制的设置（Mattke 等，2019），使得这些交易记录几乎不可篡改。这样一来，企业几乎可以零成本地掌握对方履行其承诺的可信性，从而迅速建立起对对方的信任。而且从另一个角度来看，企业为了维护自身在区块链上交易的信用记录（即可追溯性），也会尽力信守承诺并履行自己的职责，这也就能有效降低合作过程中企业判断对方可信性的难度。总之，在分布式记账系统与共识机制的帮助下，企业实施跨组织治理（合作）可以实现"去信任化"这一基本原则。

10.3.2 基于区块链社区（联盟链）的交易规则制定方式

如上所述，传统跨组织治理（合作）机制中交易规则的制定方式不尽相同。但总的来看，权威、合同与关系这三种机制的交易规则都由合作中的一方或两方确定（Chae 等，2017；Jap 和 Anderson，2003；Lusch 和 Brown，1996）。这种模式下，虽然交易规则的定制化与个性化程度高，但双方需要花费相当的时间与成本来确定交易规则，效率较低。相较而言，第三方（平台）机制的交易规则由第三方制定（Le，2002），合作双方只要遵守即可。这种机制效率较高，但定制化与个性化程度较低，很多时候并不能满足双方较为复杂的跨组织合作需要。

对此，企业可以通过加入区块链社区（联盟链）的方式来有效地调和这个矛盾（Lee，2019；Saberi 等，2019），同时满足对跨组织治理（合作）个性化与效率的要求。具体而言，区块链中的联盟链一般由产业内企业或组织自发聚集而成社区（Lee，2019；Saberi 等，2019）。社区内成员共同参与管理，维护社区秩序，审核成员资质，因此具有开放性特征（Lee，2019；Saberi 等，2019）。与此同时，社区内每个企业（组织）

负责管理一个或多个节点，数据只允许在联盟链内不同节点之间进行访问与传输，从而具有封闭性（Lee，2019；Saberi 等，2019）。

在联盟链（社区）这种半开放、半封闭的组织结构与管理方式下，成员可以自主参与、自主管理该区块链，因此也能自主确定合作内容与细节，这样就能保证双方对交易规则个性化、定制化的需求。另一方面，联盟链上也会记载以往成员间历史合作过程与交易细节，双方还有大量合作范例和模板可参考（Geiregat，2018），从而满足企业对跨组织治理（合作）效率的要求。更重要的是，相比第三方平台只能覆盖交易环节而言，区块链社区（联盟链）还有智能合约系统（Geiregat，2018）、数字货币工具（Hughes 等，2019；Min，2019），可以覆盖跨组织治理（合作）的整个过程，从而有效提高企业间交易的个性化与效率。

10.3.3 基于分布式记账系统、加密技术与智能合约的约束手段

如上所述，约束手段是保证双方合作顺利开展的核心，其有效性将直接决定企业跨组织治理（合作）的效率与效果。目前已有的四种机制都存在各种短板与不足。从来源上看，这些短板与不足主要来源于这些机制的约束手段的缺陷，如权威机制适用范围窄且依赖于权威方（Zhuang 等，2010），合同机制成本高（Gorovaia 和 Windsperger，2018），关系机制效果不稳定（Yang 等，2012），第三方（平台）机制只聚焦于交易环节且依赖于第三方（平台）本身稳定性（Grewal 等，2010）。

对此，区块链技术中的分布式记账系统、智能合约能有效避免之前各种约束手段的短板与不足（Hsieh 等，2018；Lee，2019）。具体而言，上述四种机制中除了关系机制外，其他三种都需要依赖一个明确的、具有强制性约束力的实体（即核心节点）。这种核心节点本身并非无懈可击，其内部隐患就会传导成为约束手段的隐患，因此要消除这种由核心节点带来的隐患就需要去中心化，即约束手段本身不能依赖任何单一实体。对此，区块链通过分布式记账系统将整个约束机制构建于链上全部节点（实体）上，并通过智能合约系统来约束彼此行为，从而实现去中心化的目的（Hsieh 等，2018；Lee，2019）。具体实践中，首次合作的双

方可以通过查询区块链上记录来了解彼此历史交易行为，从而判断其可信性，然后双方商定合同条款后写入区块链上的智能合约系统（Eenmaa-Dimitrieva 和 Schmidt-Kessen，2019；Geiregat，2018）。一旦智能合约系统启动，双方就必须按照约定承担自己的责任并履行相应的义务，否则智能合约系统就会拒绝执行后续条款并自动启动惩罚机制，从而实现对彼此行为的约束。而且这种违约行为还会被记录在区块链上，一旦达成共识就不可篡改（Mattke 等，2019），从而影响其未来业务开展，因此也能实现对彼此行为的约束。

类似地，关系机制的约束手段也不需要依赖一个明确的实体，但其依赖于社会舆论与评价体系（Yang 等，2012）。这种体系没有强制性约束力，而且也缺少经济性惩罚手段（Sheng 等，2011；Wang 等，2017），因此约束力有限，企业面临的风险较大。对此，区块链技术中的智能合约系统则可以有效避免这些问题，具有比较强的约束力（Eenmaa-Dimitrieva 和 Schmidt-Kessen，2019；Geiregat，2018）。具体而言，合作双方将合同条款输入智能合约系统并设置相应执行条件，该系统就可以自动判断合同执行情况，然后根据结果进行相应操作（如支付、发货、评价甚至罚款等）（Eenmaa-Dimitrieva 和 Schmidt-Kessen，2019；Geiregat，2018）。这种操作只依赖于区块链技术本身，以及合同执行条件达到与否，并不依赖合作某一方或外界第三方，也不依赖环境因素（Geiregat，2018；Queiroz 等，2019；Saberi 等，2019）。更重要的是，该系统还具有强制性，一旦有企业违反约定，该系统就能自动扣除该企业在区块链上的数字货币作为惩罚（Geiregat，2018；Queiroz 等，2019；Saberi 等，2019）。总而言之，由于这些特性，智能合约在区块链上可以成为一种有效的约束手段。

10.4 区块链治理（合作）机制与四种传统机制的对比

下面从关系维度、治理（合作）效率、治理（合作）成本、局限与短板这四个方面对区块链机制与其他四种传统机制进行横向比较（如表10-2 所示）。

表10-2 各种跨组织治理（合作）机制的对比

治理（合作）机制	关系维度	治理（合作）效率	治理（合作）成本	局限或短板
权威	二元	高	低（单方决策）	适用范围窄，巩固和提高权威的难度较大
合同	二元	低	高（合同制定之前的沟通和协商成本，合同执行过程中的监督与调查成本）	法律法规缺陷，诉讼成本高企
关系	二元	低	高（关系建立、发展、维持、和终结都存在各种成本）	缺少强制性手段，关系黑暗面
第三方（平台）	三元	高	低（第三方强制性规定交易规则和过程）	第三方失效
区块链	多元	高	低（去信任化、智能合约）	软分叉与硬分叉，与现行法律法规不兼容，加密密钥被破解

从表10-2可以看出，在关系维度上，除了第三方（平台）机制可以拓展至三元关系外（Chen 等，2022），其他传统机制都局限于二元关系（Rehme 等，2016；Zhang 等，2018），而区块链机制则可以在多个主体之间构建合作与交易网络，因而该机制的关系维度是多元的（Kaplan 和 Haenlein，2019；Min，2019）。在治理（合作）效率上，由于合同与关系机制中双方地位比较对等，没有一方是核心，所以这两种机制发挥作用的过程比较缓慢，治理（合作）效率比较低（Gorovaia 和 Windsperger，2018；Sheng 等，2011），而权威与第三方机制由于有一个明确的中心节点（即核心企业），所以效率比较高（Sheu 和 Hu，2009；Zhuang 等，2010）。相比而言，区块链治理不需要明确的中心节点，但由于其可追溯性带来的去信任化，所以其治理（合作）效率一样比较高（Kaplan 和 Haenlein，2019；Min，2019）。

在治理（合作）成本方面，合同与关系两种机制的成本都比较高。其中合同机制的成本主要包括制定合同条款时所需的沟通与协商成本，以及合同执行过程中所需的检查与监督成本（Shen 等，2019；Zhang 等，2018）；关系机制的成本主要包括关系的建立、发展、维系与终结四个阶段所需的沟通、交往成本（Wang 等，2017；Yang 等，2012）。相比而言，由于权威与第三方两种机制主要是单方决策或主导，其他各方更多是遵从与配合，所以治理（合作）成本都比较低。同样，区块链机制的治理（合作）成本也比较低，但其背后的原因并不相同。这种机制治理（合作）成本较低的主要原因是，去信任化以及智能合约系统能够有效降低信任成本与监督成本（Hsieh 等，2018；Lee，2019）。

在局限与短板方面，上面已经对四种跨组织治理（合作）机制的不足之处进行过细致的探讨。这里主要探讨区块链机制的局限与短板。具体而言，区块链机制主要依赖于分布式记账系统、智能合约系统以及加密技术（Ostern，2020；Zhou 等，2020）。因此，该机制主要局限于短板存在于这些技术的缺陷上。例如，分布式记账系统可能会出现软分叉与硬分叉的问题（Bons 等，2020），从而影响其数据一致性与不可篡改特性。这将降低该机制的去信任化效果。其次，智能合约系统与现行法律法规并不完全兼容，因而在智能合约系统上容易产生难以监管的非法合同（Bons 等，2020）。最后，加密技术是保障跨组织合作与交易私密性与安全性的主要手段，其核心在于密钥（Bons 等，2020）。而一旦密钥遗失或者被破解，就会导致泄密与数据安全风险。总的来看，尽管区块链机制存在各种风险，但这种风险主要还是技术层面的，相对可控。

10.5 讨论与结论

跨组织治理（合作）机制一直以来都是营销战略领域重点关注的问题。对此，以往研究主要关注权威、合同、关系与第三方（平台）这四种机制的具体形式、内在逻辑、影响因素及适用情景（Chen 等，2022；Gorovaia 和 Windsperger，2018；Rehme 等，2016；Sheng 等，2011；Wang 等，2017）。然而，由于这些机制都存在这样或那样的缺陷与不足，从而影响其效果。对此，本研究探讨了一种更为有效的治理（合作）机制——基于区块链技术的跨组织治理（合作）机制。

首先，通过对以往权威、合同、关系、第三方（平台）机制的横向对比与分析，探讨了这些机制内在的共同特征与一致性结构，发现这些机制都包含基本原则、交易规则制定方式与约束机制这三个核心要素。其次，探讨了如何基于区块链技术构建跨组织治理（合作）机制，包括基于可追溯机制与共识机制的去信任化原则，基于区块链社区（联盟链）的交易规则制定方式与基于分布式记账系统、加密技术与智能合约的约束手段。最后，对比了该机制与其他四种传统机制在关系维度、治理

（合作）效率、治理（合作）成本、局限与短板这四个方面的差异。

总的来看，通过区块链技术可以有效建立一种更为高效、可靠和安全跨组织治理（合作）机制。举例来说，在一条由供应商、批发商、分销商、代理商组成的联盟链上（区块链的一种），分布式记账系统可以存储成员之间的历史交易记录与行为，其他成员可以快速了解某个成员的可信性，从而实现企业间交易去信任化（避免关系机制的短板）。智能合约可以根据规则自动执行所需操作（发货、付款、罚款等）而不需要监督，从而有效约束链上成员行为（避免合同机制的短板）；去中心化、加密货币可以为链上成员进行交易提供安全保障（避免权威、合同、第三方平台策略的局限）。

10.5.1　理论贡献

在跨组织管理研究领域，目前对于区块链的研究仍然处于起步阶段，以探讨性、介绍性和概念性研究为主，未发现有研究探讨区块链技术是否以及如何作为一种跨组织治理（合作）机制。针对于此，本研究探讨了基于区块链技术的跨组织治理（合作）机制的内在结构与特征。在理论上，本研究不同于以往从社会学、经济学角度入手的研究，而是从技术角度入手探讨了一种区别于以往的新型跨组织治理（合作）机制，从而有效推进跨组织治理理论与研究。

另一方面，在以往跨组织治理（合作）机制研究中，研究中主要关注各种机制的外在表现与内在逻辑，而对于不同机制之间的共同内在结构缺乏探讨。对此，本研究对比分析了权威、合同、关系与第三方（平台）治理机制的内在结构，并总结出跨组织治理（合作）机制的三个重点组成要素，从而完善跨组织治理理论与研究的发展。

10.5.2　实践指导意义

通过本研究，企业可以获得以下几个方面的实践指导。首先，数字化转型是企业当前关注的重点问题之一，本研究可以为企业在跨组织治理（合作）领域实施数字化转型提供指导，帮助企业了解如何构建基于区块链的跨组织治理（合作）机制，提高企业在供应链、营销渠道、战略联盟等跨组织关系管理上的效率。

其次，本研究挖掘和对比了权威、关系、合同与第三方（平台）这四种传统机制并识别出这些机制都包含的三个基本要素。通过这一结论，企业可以了解不同跨组织治理（合作）机制的共性与内在结构，为其选择合适的机制提供更有针对性的指导。

最后，本研究还从关系维度、治理（合作）效率、治理（合作）成本与局限或短板四个方面对比了四种传统跨组织治理（合作）机制与区块链机制的异同。通过相关结论，企业可以全面了解不同机制的适用场景与潜在的不足，为其选择恰当的跨组织治理（合作）机制提供指导。

10.5.3 局限性和未来研究方向

本研究不足之处主要体现在以下两个方面。首先，虽然本研究构建在以往跨组织治理（合作）机制的研究成果以及区块链技术的研究成果之上，但本研究以概念性与框架性探讨为主，缺少基于实证的检验与支持。因此，在后续研究中，可以进一步拓展本研究结论，通过案例或者问卷调查收集实证数据来检验本研究结论。其次，本研究主要探讨如何使用区块链构建跨组织治理（合作）机制，并未探讨如何具体使用区块链实现跨组织治理（合作），因此在未来研究中可以进行更深入的探讨。

参考文献

Alexiev A S, Volberda H W, Van den Bosch F A J, 2016. Interorganizational collaboration and firm innovativeness: Unpacking the role of the organizational environment[J]. Journal of Business Research, 69(2): 974-984.

Argyres N, Mayer K J, 2007. Contract design as a firm capability: An integration of learning and transaction cost perspectives[J]. Academy of Management Review, 32(4): 1060-1077.

Bandara R, Fernando M, Akter S, 2020. Privacy concerns in E-commerce: A taxonomy and a future research agenda[J]. Electronic Markets, 30: 629-647.

Bigné J E, Blesa A, Küster I, et al, 2004. Market orientation: An antecedent to the industrial manufacturer's power[J]. European Journal of Marketing, volume 38 (1/2):

175-193.

Bons R W H, Versendaal J, Zavolokina L, et al, 2020. Potential and limits of Blockchain technology for networked businesses[J]. Electronic Markets, 30: 189-194.

Cai Z, Huang Q, Liu H, et al, 2016. The moderating role of information technology capability in the relationship between supply chain collaboration and organizational responsiveness: Evidence from China[J]. International Journal of Operations & Production Management, 36(10): 1247-1271.

Chae S, Choi T Y, Hur D, 2017. Buyer power and supplier relationship commitment: A cognitive evaluation theory perspective[J]. Journal of Supply Chain Management, 53(2): 39-60.

Chen L, Tong T W, Tang S, et al, 2022. Governance and design of digital platforms: A review and future research directions on a meta-organization[J]. Journal of Management, 48(1): 147-184.

Cole R, Stevenson M, Aitken J, 2019. Blockchain technology: Implications for operations and supply chain management[J]. Supply Chain Management-an International Journal, 24(4): 469-483.

Crosno J, Dahlstrom R, 2008. A meta-analytic review of opportunism in exchange relationships[J]. Journal of the Academy of Marketing Science, 36(2): 191-201.

Deken F, Berends H, Gemser G, et al, 2018. Strategizing and the initiation of interorganizational collaboration through prospective resourcing[J]. Academy of Management Journal, 61(5): 1920-1950.

Eenmaa-Dimitrieva H, Schmidt-Kessen M J, 2019. Creating markets in no-trust environments: The law and economics of smart contracts[J]. Computer Law & Security Review, 35(1): 69-88.

Geiregat S, 2018. Cryptocurrencies are (smart) contracts[J]. Computer Law & Security Review, 34(5): 1144-1149.

Gorovaia N, Windsperger J, 2018. The choice of contract duration in franchising networks: A transaction cost and resource-based view[J]. Industrial Marketing Management, 75: 125-133.

Greco M, Grimaldi M, Cricelli L, 2020. Interorganizational collaboration strategies and innovation abandonment: The more the merrier?[J]. Industrial Marketing Management, 90: 679-692.

Grewal R, Chakravarty A, Saini A, 2010. Governance mechanisms in business-to-business electronic markets[J]. Journal of Marketing, 74(4): 45-62.

Gu F F, Hung K, Tse D K, 2008. When does guanxi matter? Issues of capitalization and its dark sides[J]. Journal of Marketing, 72(4): 12-28.

Gurtu A, Johny J, 2019. Potential of blockchain technology in supply chain management: A literature review[J]. International Journal of Physical Distribution & Logistics Management, 49(9): 881-900.

Hillman A J, Withers M C, Collins B J, 2009. Resource dependence theory: A review[J]. Journal of Management, 35(6): 1404-1427.

Hsieh Y-Y, Vergne J-P, Anderson P, et al, 2018. Bitcoin and the rise of decentralized autonomous organizations[J]. Journal of Organization Design, 7(1): 14.

Hughes A, Park A, Kietzmann J, et al, 2019. Beyond Bitcoin: What blockchain and distributed ledger technologies mean for firms[J]. Business Horizons, 62(3): 273-281.

Jap S D, Anderson E, 2003. Safeguarding interorganizational performance and continuity under ex post opportunism[J]. Management Science, 49(12): 1684-1701.

Kaplan A, Haenlein M, 2019. Digital transformation and disruption: On big data, blockchain, artificial intelligence, and other things[J]. Business Horizons, 62(6): 679-681.

Kashyap V, Antia K D, Frazier G L, 2012. Contracts, extra-contractual incentives, and ex post behavior in franchise channel relationships[J]. Journal of Marketing Research, 49(2): 260-276.

Lai F, Tian Y, Huo B, 2011. Relational governance and opportunism in logistics outsourcing relationships: Empirical evidence from China[J]. International Journal of Production Research, 50(9): 2501-2514.

Le T T, 2002. Pathways to leadership for business-to-business electronic marketplaces[J]. Electronic Markets, 12(2): 112-119.

Lee J Y, 2019. A decentralized token economy: How blockchain and cryptocurrency can revolutionize business[J]. Business Horizons, 62(6): 773-784.

Liu H, Wei S, Ke W, et al, 2016. The configuration between supply chain integration and information technology competency: A resource orchestration perspective[J]. Journal of Operations Management: 4413-4429.

Liu Y, Luo Y, Liu T, 2009. Governing buyer-supplier relationships through transactional and relational mechanisms: Evidence from China[J]. Journal of Operations Management, 27(4): 294-309.

Liu Y, Su C T, Li Y, et al, 2009. Managing opportunism in a developing interfirm relationship: The interrelationship of calculative and loyalty commitment[J]. Industrial Marketing Management, 39(5): 844-852.

Liu Z, Li Z, 2020. A blockchain-based framework of cross-border e-commerce supply chain[J]. International Journal of Information Management, 52: 102059.

Low W, Lee H, 2016. The Exercise and acceptance of power in an industrial channel dyad[J]. Journal of Business-to-Business Marketing, 23(2): 135-151.

Luo Y, 2006. Opportunism in inter-firm exchanges in emerging markets[J]. Management and Organization Review, 2(1): 121-147.

Luo Y D, 2007. An integrated anti-opportunism system in international exchange[J]. Journal of International Business Studies, 38855-877.

Lusch R F, Brown J R, 1996. Interdependency, contracting, and relational behavior in marketing channels[J]. Journal of Marketing, 60(4): 19-38.

Mattke J, Maier C, Hund A, Weitzel T, 2019. How an enterprise blockchain application in the US pharmaceuticals supply chain is saving lives[J]. MIS Quarterly Executive, 18(4): 245-261.

Min H, 2019. Blockchain technology for enhancing supply chain resilience[J]. Business Horizons, 62(1): 35-45.

Montecchi M, Plangger K, Etter M, 2019. It's real, trust me! Establishing supply chain provenance using blockchain[J]. Business Horizons, 62(3): 283-293.

Mooi E A, Gilliland D I, 2013. How contracts and enforcement explain transaction outcomes[J]. International Journal of Research in Marketing, 30(4): 395-405.

Morkunas V J, Paschen J, Boon E, 2019. How blockchain technologies impact your business model[J]. Business Horizons, 62(3): 295-306.

Ness H, Haugland S A, 2005. The evolution of governance mechanisms and negotiation strategies in fixed-duration interfirm relationships[J]. Journal of Business Research, 58(9): 1226-1239.

Oliveira N, Lumineau F, 2017. How coordination trajectories influence the performance of interorganizational project networks[J]. Organization Science, 28(6): 1029-1060.

Ostern N K, 2020. Blockchain in the IS research discipline: A discussion of terminology and concepts[J]. Electronic Markets, 30: 195-210.

Poppo L, Zhou K Z, 2014. Managing contracts for fairness in buyer–supplier exchanges[J]. Strategic Management Journal, 35(10): 1508-1527.

Poppo L, Zhou K Z, Ryu S, 2008. Alternative origins to interorganizational trust: An interdependence perspective on the shadow of the past and the shadow of the future[J]. Organization Science, 19(1): 39-55.

Queiroz M M, Telles R, Bonilla S H, 2019. Blockchain and supply chain management integration: A systematic review of the literature[J]. Supply Chain Management-an International Journal, 25(2): 241-254.

Rehme J, Nordigården D, Ellström D, et al, 2016. Power in distribution channels — Supplier assortment strategy for balancing power[J]. Industrial Marketing Management, 54: 176-187.

Reuer J J, Ariño A, 2002. Contractual renegotiations in strategic alliances[J]. Journal of Management, 28(1): 47-68.

Saberi S, Kouhizadeh M, Sarkis J, Shen L, 2019. Blockchain technology and its relationships to sustainable supply chain management[J]. International Journal of Production Research, 57(7): 2117-2135.

Samiee S, Walters P G P, 2003. Relationship marketing in an international context: A literature review[J]. International Business Review, 12(2): 193-214.

Shen L, Su C, Zheng X, et al, 2019. Contract design capability as a trust enabler in the pre-formation phase of interfirm relationships[J]. Journal of Business Research, 95: 103-115.

Sheng S, Zhou K Z, Li J J, 2011. The effects of business and political ties on firm performance: Evidence from China[J]. Journal of Marketing, 75(1): 1-15.

Sheu J B, 2015. Power shifts and relationship quality improvement of producer-retailer green channel dyads under government intervention[J]. Industrial Marketing Management, 50: 97-116.

Sheu J B, Hu T L, 2009. Channel power, commitment and performance toward sustainable channel relationship[J]. Industrial Marketing Management, 38(1): 17-31.

Sousa P R, Resende J S, Martins R, et al, 2022. The case for blockchain in IoT identity management[J]. Journal of Enterprise Information Management, 35(6): 1477-1505.

Stephen A T, Coote L V, 2007. Interfirm behavior and goal alignment in relational exchanges[J]. Journal of Business Research, 60(4): 285-295.

Villena V H, Revilla E, Choi T Y, 2011. The dark side of buyer–supplier relationships: A social capital perspective[J]. Journal of Operations Management, 29(6): 561-576.

Wang J J, Zhang C, 2017. The impact of value congruence on marketing channel relationship[J]. Industrial Marketing Management, 62: 118-127.

Wang Y, Lee J, Fang E, et al, 2017. Project customization and the supplier revenue-cost dilemmas: The critical roles of supplier–customer coordination[J]. Journal of Marketing, 81(1): 136-154.

Wathne K H, Heide J B, Mooi E A, et al, 2018. Relationship governance dynamics: The roles of partner selection efforts and mutual investments[J]. Journal of Marketing Research, 55(5): 704-721.

Watson G F, Worm S, Palmatier R W, et al, 2015. The evolution of marketing channels: Trends and research directions[J]. Journal of Retailing, 91(4): 546-568.

Wiengarten F, Humphreys P, McKittrick A, et al, 2013. Investigating the impact of e-business applications on supply chain collaboration in the German automotive industry[J]. International Journal of Operations & Production Management, 33(1): 25-48.

Xiao Z, Dong Maggie C, Zhu X, 2019. Learn to be good or bad? Revisited observer effects of punishment: curvilinear relationship and network contingencies[J]. Journal of Business & Industrial Marketing, 34(4): 754-766.

Yang Z, Su C, Fam K-S, 2012. Dealing with institutional distances in international marketing channels: Governance strategies that engender legitimacy and efficiency[J]. Journal of Marketing, 76(3): 41-55.

Yu C J, Liao T, 2008. The impact of governance mechanisms on transaction-specific investments in supplier-manufacturer relationships: A comparison of local and foreign manufacturers[J]. Management International Review, 48(1): 95-114.

Yu C J, Liao T, Lin Z, 2006. Formal governance mechanisms, relational governance mechanisms, and transaction-specific investments in supplier–manufacturer relationships[J]. Industrial Marketing Management, 35(2): 128-139.

Zaheer A, Venkatraman N, 1995. Relational governance as an interorganizational strategy: An empirical test of the role of trust in economic exchange[J]. Strategic Management Journal, 16(5): 373-392.

Zavolokina L, Miscione G, Schwabe G, 2020. Buyers of 'lemons': How can a blockchain platform address buyers' needs in the market for 'lemons'?[J]. Electronic Markets, 30: 227-239.

Zhang C, Bai X, Gu F F, 2018. Contract learning in the aftermath of exchange disruptions: An empirical study of renewing interfirm relationships[J]. Industrial Marketing Management, 71: 215-226.

Zhang Q, Zhou K Z, Wang Y, et al, 2017. Untangling the safeguarding and coordinating functions of contracts: Direct and contingent value in China[J]. Journal of Business Research, 78: 184-192.

Zhou K Z, Poppo L, 2010. Exchange hazards, relational reliability, and contracts in China: The contingent role of legal enforceability[J]. Journal of International Business Studies, 41(5): 861-881.

Zhou K Z, Poppo L, Yang Z, 2008. Relational ties or customized contracts? An examination of alternative governance choices in China[J]. Journal of International Business Studies, 39(3): 526-534.

Zhou K Z, Xu D, 2012. How foreign firms curtail local supplier opportunism in China: Detailed contracts, centralized control, and relational governance[J]. Journal of International Business Study, 43(7): 677-692.

Zhou L, Zhang L, Zhao Y, et al, 2021. A scientometric review of blockchain research[J]. Information Systems and E-Business Management, 19: 757-787.

Zhuang G, Xi Y, Tsang A S L, 2010. Power, conflict, and cooperation: The impact of guanxi in Chinese marketing channels[J]. Industrial Marketing Management, 39(1): 137-149.